JN409197

휘파람새

대한사이버문학

제17호 · 2012

http://cafe.daum.net/hankuk2003

오늘의문학사

휘파람새

권 | 두 | 언

세계와 소통할 수 있는 그날까지

우리는 문학적 희망을 품고 살아가는 사람들입니다. 보이지 않고 잡히지 않는 미래에 희망을 품고 살아가는 사람들은 뜨거운 가슴앓이를 할 수밖에 없습니다. 전업 작가가 아닌 우리는 글쓰기에 시간이 모자라 늘 안타까워합니다. 때문에 주어진 시간을 허투루 쓰지 않으려 노력합니다.

하지만 한 곳에 집착, 집중하다 보니 세상 돌아가는 것에 제법 무심해져 있습니다. 한창 바쁜 저녁 9시 뉴스는 앉아있을 새가 없어 외면하고, 신문은 오는 그대로 분리수거함에 넣어버립니다. 어느 날 문득 돌아보니 읽지 못하는 기호와 약자, 못 알아듣는 정치, 경제 용어들이 수두룩합니다. 안 되겠다 싶어 신문을 펼칩니다. 길에서나 대중교통 안에서나 휴대폰에 고개를 숙이고 게임과 정보소통에 여념이 없는 모습들은 이젠 조금도 이상하지 않는 풍경이 되어 있습니다. 책을 들고 독서를 한다는 것은 일종의 용기인지도 모른다는 생각이 들 만큼 난해해지려 합니다.

전화요금 약정만으로 기기(휴대폰) 값은 공짜라고 해, 스마트 폰에 대한 상세한 정보 없이 구입을 했습니다. 스마트 폰은 만나지 못하는 사람들과의 소통의 도구로만 휴대하려했던 기존의 고정관념을 확실히 파괴시켜 주었습니다. 가히 파격적인 놀라움이었습니다. 변화된 문명의 중심에 서 있는 내가, 우리가 자랑스럽기까지 합니다. 한 번의 터치로 세상의 모든 것이 열리며, 세상의 모든 것과 소통이 가능한 '매직' 이 아닐 수 없습니다.

서 혜 원
대한사이버문학 설립자

이렇듯 놀랍게 변화하고 발전하는 세상을 살아가고 있음에도 우리는 글을 쓰겠다는 고집을 꺾지 않습니다. 우리들에게 창작은 오직 미지의 세계, 영원한 신비입니다. 우리는 그 세계에 도전하는 사람들의 감성과 영혼을 존경합니다. 우리는 열심히 쓸 것이고, 창작을 통해 세계와 소통하는 그날까지 필을 놓지 않을 것이며 게으르지 않을 것입니다.

17호에 귀한 그림을 주신 백규현 화백님과 출판을 맡아주신 "오늘의 문학사" 편집팀께 진심으로 감사드립니다. 종전보다 두 달 앞당겨 출판을 하게 되어 동인 작가님들께서 작품을 준비하시느라 바쁘고 힘드셨으리라 생각됩니다. 하지만 작가님들의 빠른 협조로 그 어느 때보다도 수월하게 동인지를 출간할 수 있었습니다. 귀한 작품을 주시고 출판비를 지원해주신 동인 작가님들께 큰 절로 감사의 인사 올립니다. 님들의 건강과 건필을 기원합니다.

2012. 3. 11. 서혜원

시 · 시조

http://cafe.daum.net/hankuk2003

▶▶▶ 시

▶▶▶ 시조

산상의 성찬

가는세월 서러한들 열자식이 알아줄까
서방인지 동방인지 남정네가 알아줄까
내허리가 휘어진들 그누구가 대신할까

오만사를 제켜두고 솔향기로 나왔더니
산신령과 대작하는 진수성찬 즐거웁고
이세상을 풍미하는 세월까지 즐거웁다

소풍가는 아이먹일 어머니의 마음으로
바리바리 싸들고서 나오시는 선녀님들
넉넉하고 고운마음 천성또한 엄마표라

전날부터 준비하여 새벽같이 일어나서
자는님이 눈치챌까 조심스레 준비하고
지글지글 볶고볶아 쫍쫄하게 버무려서

생굴무침 잡채무침 갖은양념 부침개라
하나둘셋 상차리니 팔선교자 부러울까
하늘과땅 맞닿은곳 산상에서 뷔페식단

· 1952년 남해 출생
· 노동부산하 노동문제 연구원 수료
· 현재 회사원
· 대한사이버문학회 동인
· e-mail : dng54@hanmail.net

눈으로는 금수강산 천하절경 둘러보고
산우들의 덕담속에 진수성찬 음미하니
산새들이 노래하고 낙락장송 춤을춘다

월악산의 멧부리에 걸터앉은 선녀선남
바람소리 풍악삼아 산신령과 대작이라
방콕하는 우리님들 가엽고도 불쌍하나

인생사는 사람노릇 쉬운일이 아니라서
마음만은 보내고서 못왔음이 분명하니
오늘만은 마음오고 내일에는 몸이오소

산토끼야 너도오렴 산새들아 너도오렴
웃음속에 나눠지는 산상에서 진수성찬
솔향기가 아니고서 이맛들을 어찌알랴

* 2010. 03. 28 월악의 멧부리에서 성찬을 즐긴 느낌을 몇 자 적었습니다.

말목산 비경

흐르는 땀 식히며
머리 들어 조망하니
구름 속을 들락이네

구름이 바위 띄워
조각배 타고
하계를 내려보니

여기가 선계요
내가 바로 산신이라

* 말목산 – 말목을 닮았다하여 말목산
– 제천 청주호를 조망할 수 있는 산

설원의 여심

함박눈 속 거닐던
설원의 천사들
발라당 발라당 설원에 눕는다

하늘도 좋아라
함박눈 뿌려주며
배시시

야~호~ 야~호~
동심으로 피어나는 설원의 천사들
나무끈도 따라서
야~야~호~호~

눈 속을 뒹구는
하얀 천사들
행복에 겨워 뒹굴다

함박눈 속 설원의
꽃이고 싶어라

* 2010. 1. 23. 계방산 산행 때

대 만족

설원의 하얀 보자기
요람 같은 포근함
해맑은 아이웃음
난, 정말 행복해

나, 지금
이 세상에서 가장 행복한 사람
정말이야
누구보다도 더 행복하다고

근심 걱정 다 내려놓고
이렇게 벌러덩 누워 웃어 봤어
한번 웃어 봐
오직,
나 하나뿐인 이 순간

엄마 품서 웃던 그 마음
지금 이 마음이야
'나 이쁘지' '이쁘지'
이렇게 좋아 해 봤어

나이 탓

자빠지니 넘어지고
나 어릴 적
그러고 자랐는데
그땐 안 아팠는데

오늘은 엉덩이가 욱신욱신
팔다리가 뻑쩍찌근
허~허~
세월은 속일 수가 없도다

내가 넘어진다고
당신마저 넘어지면
난 어떡하라고
'내 자빠지니 왜 넘어져요'

그래도 한 세상
솔향기의 산행 추억
먼 훗날 그때는
오늘을 생각하며 배시시 웃으리

황정산 소고

그대와 손 잡고
걷고 싶었던
그 옛날 우리 누우와 형아가 걸었던 길

부엽토와 향이 푹신거리는
숲속의 작은 나뭇잎들이 같이 가자 매달리며
나의 연약한 피부에 생채기를 내도
난 웃을 수 있었다

유월의 풋풋한 신록의 싱그러움과
우거진 삼림 사이의 안개비가 신비함을 더하는
등산길 부엽토 흙 내음이

우리 아이 돌 박이의 살내음 같아라
아무도 앞서 간 사람이 없는 그 숲속 길
황정산의 거웃을 헤집고
우리는 오르고 오르고

때로는 아찔하다 싶은
칼바위 능선도
아차하면 황천인 낭떠러지 험로도 스릴을 만끽하며
웃음이 산새소리와 어울리는 여인들
땀방울이 송골송골 맺히는 가파른 숲길
숨이 턱을 넘어오는 깔딱고개에서
홍조 띤 여인의 모습은 천하일색이더라

새소리에 기운이 펄펄하며
앞서간 이 없는 산길에서
신록에 취하고 흙 내음에 취하고
지천으로 널린 복분자에 취하고
우리를 배웅하던 이름 모르는 야생화와
함박꽃에 취했구나

아~황정산
하늘을 찌르는 삼림 사이에 안개비 걷히니
태고의 신비를 드러내는 삼림의 울창함
그 숲속 지저귀는 새소리 들으며
걷고 걸었구나
황정산의 우거진 거웃을 헤집으며
다시 그 숲길에 취하고 싶어라

다시 찾은 마니산

내 사랑 어부바하고 힘 자랑하며
오르던 마니산
30여 년 전 신혼시절 생각나
다시 찾은 마니산

가슴이 뻥 뚫리는 서해바다
오밀조밀 이름 모를 섬들
썰물이 밀려간 갯벌
사랑하는 그대와 입맞춤하며 거닐고 싶어라

천년을 하늘에 제사 지내던 곳
천제단을 바라보며 홍익인간의 의미를 되뇌며
만백성을 긍휼히 여기시던
단군이시여

아기자기 바위 능선
손잡아 당기며 끌며 오르는 재미
마니산 등산길 우리 님들 함께 하니
솔향기 홍복이로다

* 솔향기 - 분당 산악회 이름

나라고 감정도 없을까?

오랜 세월 숨겨둔 가슴
나라고 순정도 없을까

말없이 숨기기엔 너무 벅차다
그 웃음 토하기엔 너무 매섭다

참아야, 참아야 하느니라
우리 아버지 어머니 말씀

천상의 그 말씀 어길 수 없어
오늘도 두 눈 감고
입술 깨문다

딴청(?)

8부 능선 응달엔 잔설이 아직도 남았는데
하산 길 여인들
발바닥 확확거림에
시냇물로 냉찜질

가슴까지 저려오는 시원함
전신을 타고 흐르는
그 쾌감
그대는 모르리

두 다리 쭉 뻗고
각선미 좀 봐달라며 딴청 피는 여인

여인네 하얀 속살에 가슴이 멎는
사대부가 남정네
땀 닦는 척
'난 안 봐요' 라며 또 다른 딴청
마음 좀 넉넉하게 쓰시지

한 눈 가리고 안 보는 체 하자니
등골엔 식은땀이 줄~줄~
"못 참겠다. 깨꼴"

미소가 예쁜 여인들

마음은 곧기가
대밭의 오죽이라
웃음은 밝기는
춘삼월 송광사 산수유로세

돌 박이의
해맑은 웃음이 이리도 밝을까
햇살 들지 않는
대밭까지도 밝구나

저 좋아서 웃지만
보노니 나까지도 좋아라
나만 좋을까
보는 님 마음들도 두둥실 ~

활짝 핀 동백인가
만면에 붉은 미소
봄은
봄이로다

나이

어릴 땐 많게 보이려고
까치발까지 들었었는데
이제는 적게 보이려고
분칠을 한다

생글생글 아이같이 웃으면
적어 보일까
반달눈썹 예쁘게 그리면
적어 보일까

이 궁리 저 궁리에
세월이 가도
뾰족한 수 없어
긴 목 줄기 타고 흐르는 한 숨

친구야
동산에 멍석을 깔아라
갈 길 막아서는 나이와
메치기라도 한판 하련다.

거시기

술 담배 향기 역겨워 못 혀
내가 거시기 도구인가
나리께 아뢰었다

"거시기 결정권 존중"
나리께서 인정해줬다
그래도 기분은 개떡이다

거시기는 신의 선물
엄마는 거시기 하자는 대로 하라 했는데
거시기 곤장 맞겠다

거시기님들
싫으면 손들라 하시죠
오뉴월에 서리 내리면 무지무지 추워요

멍?

법이 이불속으로
부인의 인격권 거시기 자기결정권
부부간의 일 가정사 취급=구시대적 통념
유엔인권위원회
1999년 한국에서 거시기 불인정 우려

진보적 관념(성향)?
남편 '잠재적 범죄자'
원만한 합의 요원
신뢰를 바탕 박살
가정의 붕괴 촉진

전통적 관념?

추위

새벽 사람시장
백 없는 사람들이 터들터들 걷는다
뒷모습이 추워보인다

주머니에 구멍까지
손가락이 얼겠다
불알까지 얼어버릴라

연탄불도 꺼져가고
체독은 비어가고
아이들은 울고 있다

춥다
손이 시리다
여름엔 발도 시리겠다

짝사랑

온갖 정성 다 해
보고 또 보고 살피고 또 살피고
보고 싶어 또 찾고 찾았다
대답이 없다
반응도 없다

가슴으로 안지 못해
보내야 하는 이내 심사
한 마디 말 못하고 돌아서야 하는가
미동도 않고 그 자리에
그대로 인데
내 가슴은 왜 이리도 쓰리고 아픈가

혹 저들이
나를 꾼이라고 수근거릴까
아니지 난 절대 꾼이 아니야
단지 짝사랑한 세월이 힘들어
가슴이 아픈가 봐
아까운 거 담에 또 볼 날이 있을까
미련두지 말자

자기가 차지했다
환호하는 사람들
반가워야 할 봉투가
왜 이렇게 초라하게 보일까
빈 봉투 보다 못한
든 봉투 들고 터들 터들 걷는다

명품한우

낙타와 누렁이는
고향은 다르지만
한 하늘밑에서 살았다.

같이 풀을 먹었고
함께 꿈을 키웠지만
낙타는 출세의 비밀을 알고 있어
바늘구멍만 쑤셔댔고
미련한 누렁이는
코뚜레로 마음을 다잡으며
평생 밭만 갈았다.

낙타는 잔등 위에
비밀주머니를 자꾸 키웠고
누렁이는
몸과 마음을 버리고
명품반열에 올랐다.

· 게재된 글 : 대사문 제2호에 "잔설" 외 1편
대사문 제15호에 "산" 외 9편
· 생년월일 : 1963. 11 .14(음)
· 출생지 : 경기도 여주
· 현재 경기도 여주 거주
· 학교 : 여주고 졸업
· E-mail : pdkun@daum.net

늦가을의 독백

아무래도
좋은 글쟁이가 되기는 그른 듯 하니
당분간 글 쓰는 걸 접어야 할 것 같다.

글을 써야 한다는 강박관념보다
더 내 발목을 잡는 건
새삼 읽어보는 창작이론에 대한 작은 트러블과
아집과 편견으로 얼룩진 묵은 사고(思考)로 인한
감수성의 메마름이다.

주위 여건에 대한 깨알 같은 스트레스가
불평불만으로 이어지고
직장업무의 편향성으로 점철된 굳은 성정은
가뜩이나 가뭄으로 시달리고 있는 가슴에
조금이나마 남아 있는 감로수를 마구 퍼내고 있다.

이 가을 내내
능이를 딴답시고 이산 저산 허구한 날 돌아치고
남은 건 아쉬움과 쓰린 창자뿐.
맑은 하늘과 단풍, 낙엽 그리고 황금 들녘
헤아릴 수 없이 많은 소중한 것들을 다 버려두고
단 한 줄의 글도 남기질 못했다.
하긴! 관광지 곳곳에 널려 있는 예술작품을 보아도
저거 예산이 얼마나 들었을까 하는 놈이
무슨 글을 쓰겠는가.

입동이다.
담장 너머 다소곳이 앉아 있는 국화 옆으로
철모르는 목련이 몽우리를 올렸다.
이상기후가 어쩌고저쩌고
다 부질없는 짓이다.
무엇을 탓하랴.
거짓 없는 생명의 숭고함인 것을
이왕 올린 몽우리 활짝 웃다가 가게
며칠만 말미를 주었으면.

나무 한 그루

배가 아프다.
아프면 병원에 가야지 화장실을 간다.
화장이 끝나면 꼭 닦아야 하는 거야.
누구에게 배웠는지
누가 가르쳐 주었는지
묻지도 따지지도 않고
비데는 물대포를 쏜다.

약하게 세게 흔들흔들 웨이브까지
간지럽다고 멈추면 안 돼, 나무 한 그루야.
언제부터 나무의 아픔을 물이 대신했는지
물은 또 얼마나 나무 값을 하려는 것인지는 중요하지 않다.
생명이 생명을 대신할 때 손익분기점은 각자의 몫.

위생상태 점검!
물기가 촉촉하니 말려야지.
변기는 아가리를 벌리고 더운 김을 훅훅 불어댄다.
헐! 이거 마르긴 마르는 거야?
참아! 남쪽에서 온 고운 바람이야.
아! 휴지, 휴지 쓰면 안 돼?
안 돼, 참아! 나무 한 그루!
심으면 되잖아.
씨만 뿌리면 뭐해, 관리도 못하면서
근데 얼마나 참아야 나무 한 그루지?
그거야 너 하기 달렸지.

1박 2일

매주 주말이면 서커스를 한다.
어릴 적 가끔 보았던
유행 따라 소문 따라 장돌뱅이 따라
팔도 방방곡곡을 돌며
잠시나마 시름과 주림을 잊게 했던
장터 서커스는 아니다.

담당PD는 프로 동물사육사다.
호랑이 하나, 토끼 둘, 말 하나, 양 하나
훈련이 잘된 동물들을 모아다가 복불복 쇼를 한다.
근사한 먹거리를 찾아놓고 서로 게임을 하게 해서
잘한 놈은 한 줌의 식사로 사악한 독려를 주고
못한 놈은 비릿한 미소로 무안스런 격려를 준다.
그리곤 또 게임을 한다.
잘한 놈은 집안에서 자고 못한 놈은 노숙을 한다.

때로는 프로의 장난보다 몸치의 귀여운 실수가 더
웃음과 감동을 주는 것이 인지상정이거늘
승자와 패자의 간극은 손바닥 뒤집는 것이거늘
방송이, 교육이, 세상이 모두 복불복으로 가고 있다.

참마음을 아는 족속들이 모여 사는 나라
참세상이 무엇인지 아는 민족이 모여 사는 우리네가
참으로 슬프게 다가오는 건
복불복이 무한궤도를 달고 달려가는 오늘의 모습이 아닐는지.

세종대교 축제

왕 터 앞 세종대교 아래에선
매일 축제를 한다.

여주초교 운동장만 한 양섬 여울에
잠실운동장보다 큰 저수지를 만들어
대형사다리를 늘어놓고 운동회를 한다.

배토리, 두툴조개, 비단조개
모래무지, 불거지, 쏘가리…

근동에 살던 놈들은 다 강제동원해서
강천보에서 이포보까지
싸이카도 없이 구급차도 없이
마라톤 하고 장애물달리기 하고
사다리 빠져나가기도 한다.

운동회가 끝나면
부랴부랴 나이트클럽이다.

대교에는 경관 조명을 LED전구로
번쩍번쩍 쭉~쭉 분위기를 띄우고
운동장 주위엔 둥근 거, 긴 거
수은, 나트륨, 메탈, 할로겐
있는 둥 없는 둥 모두 물속에 처박아놓고
흔들흔들 춤판을 벌인다.

낮엔 뛰고 밤엔 비비고
불 꺼라, 불 좀 꺼라.
아침저녁으로 눈이 벌게서
ABC소화기를 마구 쏘아댄다.

용왕님!
당신도 이제 지랄 났소.
백성들이 잠을 자야지.

자동판매기

옥상 모퉁이 자동판매기
백사마을 달동네 독거노인처럼
다 삭은 생명줄을 부여잡고
혼신의 힘을 다하고 있다.

119도 부르지 않았고
전문의의 처방도 없이
식당 아줌마의 무료시술로
부패한 내장을 한쪽으로 접어놓고
윙- 윙-
찬바람만 토해낸다.

"따뜻한 음료는 나오지 않아요!!"

늙을수록 아랫목이 그립거늘
긴긴 겨울밤 군불 한번 지피지 못하고
몸을 냉장시켜 동전 한 닢에
살을 한 줌씩 떼어 던지고 있다.

떼구루루
동전 하나
덜커덩
여기 있다 살점 하나.

추석

올 추석엔
달이 둘이로구나.

서로 꼬옥 보듬고 있으니
친구는 아닌듯한데

그래! 너도
사랑하며 살아야지

그 넓은 허허벌판에서
얼마나 외로웠겠니.

이젠 별들도 널
놀리지 않겠지.

지난 세월 생각해서
위하며 살려무나.

그래 그렇게
꼭 붙어서

슬픈 풍경

직장동료
허리둘레 40인치
블루톤의 와이셔츠에
목이 결린 하얀 생명줄
오늘도 어김없이
목숨을 건 사투를 벌이고 있는
단추가 불쌍하다.

데카마트 단골손님?
허리둘레 직장동료와 비슷
블루톤에 코스모스 꽃무늬 원피스
물이 제대로 오른 꿀벅지 교각 밑으로
그레이톤의 킬힐
넘어질 듯 부러질 듯
비지땀을 흘리고 있는
뒷굽이 불쌍하다.

이웃집 아줌마
허리둘레 직장동료보다 날씬
핑크톤의 망고나시
기름이 제대로 오른 살덩이가
청바지와의 간격을 이기지 못해
얼굴을 내밀고 흔들흔들.

여보! 저 아줌마 왜 저래?
자기가 왜 신경 써.

아니 그냥,
눈이 슬프잖아.
면상은 단풍 들고
고개 푸 —욱
찌그러진다.

그리움 한 움큼

가끔 버릇처럼
한 잔 술이 도를 넘으면
소주 한 병 꿰차고 강변을 찾는다.

내 지난 세월에 대해 많은 것을 알고 있는 강은 말이 없고
하늘만 바라보고 사는 산책길의 벙어리 말동무는
오십 보마다 늘어선 지하 대장군의 변태가 뿌리는 빛 무리에 채색되어
자꾸만 야위어서 몇 개 남지 않은 제 살갗을 뜯어내고 있다.

남극도 육 개월은 밤이라는데 너는 어찌 버티었는지,
소주 한 모금을 베어 물고 하늘을 본다.

저 벽 없는 비밀창고에는
먼 옛날 할머니의 할머니보다 더 오래된 할머니가
갖고 놀다 내다 버린 공깃돌이 여기저기 박혀있고
슬픈 약속처럼 그리움 한 움큼 그믐으로 간다.

은빛 물결에 한들한들 어른거리는 얼굴들
아침 햇살이 뜨거워 김이 무럭무럭 피어오르던 강가에서
눈꺼풀 비비고 세수하며 산딸기 같은 작은 꿈 키우던
태연, 순규, 수영…
아! 너희는 그대로인데
알코올에 찌든 검버섯 육신은 돌아갈 길이 없구나.

사각 사각 새벽길목 뒤척이는 갈대
대나무가 늙어 기가 빠지면 저런 모습이려나.
밤은 숯 검댕이 같은 어둠 속에서도 천리안을 가졌거늘
수전노 같은 심보는 무너진 가슴에 눈물만 채워주고 간다.

의견충돌

몇 안 되는 사람들도
이리 분분한데
세상이야 오죽할런가.
안 봐도 비디오다.

더불어 살기도
벅찬 세상
왜 이리 고단을 자초하는지.

가을!
모두 버리고 있거늘.

봄여름 육신이
그리도 화려했으니
이젠 영혼을 찾아야 하는데
입고 있던 옷을 벗어
자꾸만 뿌리를 덮는다.

찬바람만 견디면
한숨 자고 나면
광대 춤을 꿈꾸는 껍데기는
욕심만 키우고

피안이 부르는 손짓에도
발걸음이 무거움은
짊어진 지게를

벗어놓지 못함을 알면서도
끝내 고집을 피우고 있다.

야식

지난여름 손질해 둔 꽁꽁 언 쑥 한 덩이
늦가을에 따다 놓은 색깔 고운 늙은 호박
서리태 한 줌, 강낭콩 한 줌, 알밤 너 댓개
조심조심 다루어도 펄펄 나는 찹쌀가루

단것 짠것 우유 버터 신명나게 강강수월래
뜨겁게 뜨겁게 한 시간을 달구더니

모락모락 오르는 김 달콤한 유혹
언덕배기 푸른 쑥 향 입 안에 쫀득거리고
황금빛 봉우리에 검게 붉게 숨바꼭질

섣달그믐 깊은 밤에 봄가을이 어우러져
동치미 무 조각이 미끄럼질 치고 있네
이제사 스멀스멀 잠이 오겠네

· 1961. 10. 14(음). 서울
· 계간지 "문학사랑" 수필부문 신인상 당선
· 서울에서 고교 마치고 미국으로 건너가 어학과 교육신학을 마침.
· 현재 미네소타 주에 거주
· e-mail : ugk7439@hanmail.net

만월애가

어두운 새벽하늘 귀퉁이 끝에
하얗게 질린 얼굴 둥근 달님아
가던 걸음 멈추고 떨고 있구나
같이 놀던 동무들 가고 없는데
너 홀로 빈 하늘만 지키고 있니
시간 수레 어서가자 재촉하는데
아쉬움과 미련들이 아직이라네
붉게 물든 동창 넘어 밝은 태양아
오늘도 어김없이 배웅 나왔니
휴우~~ 안심하고 길 가는구나
먼저 간 친구 찾아 길을 재촉해
만나서 무슨 얘기 주고받을까
나에게도 들려주렴. 착한 달님아
맑고 고운 네 모습 기다려 줄게

– 지난 가을 하늘나라로 간 동무를 그리며

숨은 벽

백운대와
인수봉 사이 능선
날카롭게 비집고 있는 봉우리
가슴 속 철렁
이름은 숨은 벽

요리조리
아찔했던 등산화 발걸음 기억은 벌써 1년 전 추억,
주말
등산화만 쳐다보는 장마 통 심술보
구름 속으로 숨어버린 햇살
오늘도 못 찾겠다.
꾀꼬리

· 서울 출생
· 서울 동양공고 토목과 졸업(1976)
· 2008년 문학사랑 신인문학상, 2009년 문학사랑인터넷문학상 수상
· 문학사랑 문인협회 회원, 대한사이버문학회 동인
· 시집 『도시의 여우』(2008) 『아름다운 이별』(2010) 출간
· 2011.9.25.타계

누구 없소 · 2

찔끔,
눈물 흘리는 새벽하늘
투박한 청소차의 기침 소리는 자명종

그때,
허락 없이
구렁이 담 넘어오는
옆집 노총각 담배냄새 때문에
에취!

아차
큰일 났구나
그렇다면 혹시
홀아비 냄새가 날지도 몰라?

한여름
목욕탕 다녀왔습니다

피식
누구 없소!

노숙자 · 2

한낮
공원 길 따라서
담배 연기를 구걸하고
휘청거리면서 그림자 밟고 서 있는 삶
또,
취했다.

분명히
힘차게 살아왔던 이름이 있었겠지만
야구장 함성 건너편
하루를 비틀거리면서
당신은
노숙자라는 가명을 쓰고 있구나

휴~
비에 젖은 공원 벤치 사이로
스치듯 지나쳐가는 중년에 발걸음도 무겁구려

백수의 소원

아뿔싸!

살다가
정확한 시계추처럼
똑딱똑딱 기침하던 출근부는
잠시,
뇌 수술로 휴무 중

벌써,
8개월째 고용보험 통장을 확인하고 있고
어눌한 말투는
생각과 상관없는 백수 닮아가고 있구나

이쯤에서
하품하는 그림자를 깨우고
또,
다시
삶의 자명종 울려야겠소

어슬렁어슬렁

빗소리 삼킨
어제를 뒤로하고서 얼쑤
새벽하늘 구름 사이로 별들은 반짝

오토바이 헛기침 소리에
빠르게 올라가는 조간신문 흔적
나도
이쯤에서
동네 한 바퀴 어슬렁어슬렁

그때,
살금살금
도둑고양이
쥐는 잡지 못하고
애꿎은 쓰레기통만 뒤지고 있구나
야옹

내소사

살아서 한번 죽어서 한번
두 번은 온다는 내소사
얼음길을 걸으며 더듬으며
내소사를 들어선다

이어짐과 끊어짐인데
이승이면 어떠하고
저승이면 어떠한가
어차피 기억 저편의 인연인 것을

대웅보전 천정의 용들이
여의주를 물고 꿈틀거린다

· 1960년 경남 거창 출생
· 2005년 '월간문학21' 등단
· 현재 경기도 광탄면 발랑리 거주
· 대한사이버문학회 동인
· e-mail : dongsook1118@hanmail.net

홍시

선운사 성보박물관 앞
높은 키 자랑하는 감나무 두 그루
도솔천 눈바람에 쪼그라든 홍시
울긋불긋 관광객들 입맛을 다신다

곰소 젓갈 백반으로
배 통통 두들기고 돌아선지 일각인데
까치에게 보시한 홍시 눈독 들이며
폴짝이며 돌팔매질이다

허공을 가르며 곡선을 그리다
떨어지는 돌멩이들
시린 손 비비며 아쉬운 듯 돌아선다.

외손자

딸이 손자 데리고 집으로 가던 날
방 가득하던 아이 물건
승용차에 실리고
방긋방긋 웃던 손자가 멀어져
산모퉁이를 돌아가고서도
한참을 서 있었다
다 챙겨 보냈다고 생각했는데
안방에 방수 요 한 장 덩그러니
자리를 차지하고 있다
찝찌름한 오줌 냄새
분유의 시큼함이 그리움으로 번진다
방이 휑하다

정전

겨울이면
밤이 더 길어지는 말구리길
고라니가 지나가는지
아니면 고양이 밤 마실 나왔는지
요크셔 캉캉 짓는 소리가 허공을 울린다

두꺼비집 퓨즈가 나갔는지
불도 들어오지 않고
서랍을 뒤적이다
찾아낸 양초 두 개
불 밝혀 거실 탁자에 올려놓는다

춤추는 그림자
속으로 녹아드는 양초
다시 어둠이 스며든다
밤이 더 길어지나 보다

쇼윈도

로데오 거리 작은 커피숍
강산이 세 번 변하도록 한 지붕에서 살아온
어떤 이들이 마지막 선을 긋고 있다
커피 잔 두 개를 놓아도 좁은 테이블인데
천리인 듯 만리 인 듯 멀다.
아들딸 반듯하게 잘 키워 출가시키고
미운 정 고운 정 들어
가려운 등 긁어 주며 살 시절인데
어쩌다 이리도 멀리 와 돌이키지 못하였는지
가시 박힌 말들이 허공을 가르고 흩어진다
남자는 승용차로 떠나고
여자는 정류장에서 오지 않는 버스를 기다리고 있다
영하 15도
올 들어 가장 추운 날이란다

휴게소에서

친정 고모님이 돌아가셨단 연락을 받고
고령에 문상 다녀오는 길
극심한 정체로 너무 힘들어
잠시 쉴 겸 휴게소를 들렀다
딸이 주차하는 앞으로 부부가 지나간다
단정한 옷차림이 아닌 걸 보니
한가한 여행은 아닌 듯하다
남편이 아내를 바라보는 시선 속에
정겨운 애정이 담겨 있다
접힌 겨울 외투 깃을 바로 잡아주며
서로 바라보며 웃는 모습이 왜 그리도 다정한지
참 별일이다
별것 아닌 것을 부러워하다니

이 또한 지나가리라

한밤중
갑자기 입이 돌아가더니 팔다리에 힘이 빠진다
MRI를 찍는다
눈 감고 잠을 청하면 늘 들리던 기차 소리가 한동안 났다
9년 전 겨울날의 악몽이 떠올랐다
왼쪽 몸의 마비
수저 하나도 잘 들지 못하던 그때
그때 오줌도 그냥 쌌었지
정상으로 돌아가지 못하면 자살이라도 해야지
독한 마음으로 다시 일어섰었지
또 그런 일이 일어난다면 견딜 수 있을까
입원해서 정밀 검사를 하자는
의사의 권유를 무시하고 응급실을 나왔다
긴 밤이 지나고 또 하루가 간다
아직은 머리가 텅 빈 것 같고 아프다
그러나 이 또한 지나가리니

수산나 별이 되던 날

굵은 베옷 위
십자가 천으로 덮인 수산나
흙으로 돌아간다

시린 겨울 하늘은 청명했다
칠성판 위로 성수가 뿌려지고
국화잎 향기 흩날릴 때
묵주를 올리고

딸들의 애끓음 속에
수산나 별이 되었다

허물어진 나의 영혼은
절대자께 어찌 찬송가를 불렀을까
돌이 된 심장은
어찌 다른 이를 품을 수 있을까
번민의 밤은 깊어가고 있다

사과나무

나는 하늘을 향해 맘껏 솟아
푸른 하늘과 이야기하고
아름다운 세상과도 만나고 싶었다

푸른 날
질기고 굵은 끈에 가지가 묶여
땅에 말뚝 박혔다

하늘 향했던 팔은 잘리고
더는 하늘을 바라보지 못했고
땅으로만 내려앉았다

온몸에 가시처럼 돋아난 꽃눈
여름 내내 굵어가는 사과

늦가을 수확을 끝낸 텅 빈 가지
베어져 그루터기만 남아
흰눈이 소복이 쌓여가고 있다

크리스마스

아침 일찍부터 서둘러
가장 예쁜 옷 입고
밝은 립스틱 바르고
화사한 웃음으로
만나는 이들과 인사를 나누고
고요한 밤 거룩한 밤 성가도 부르고
성탄 감사헌금도 바치고
선물 교환도 하고

오찬을 나누다.
사소한 엇갈림으로
이성을 버리고 목청을 높였다
붉은 얼굴 펄펄 끓는 가슴으로
교회를 나선다

거룩한 성탄절 날
그분을 또 십자가에 못 박았다

비가 내리는 날엔

비가 내리는 날엔
어쩔 수 없이
그대가 그립다

나무에 내리는 비처럼
내 마음 적시는
그대가 있기에.

· 필명 : 모은(慕恩)　　· 계간 문예춘추 시 부문 신인상
· 텃밭문학 3, 4, 5호 공저. 신춘문예 47, 48호 공저
· 대한 사이버문학 12, 14, 15호 공저. 초동문학 1, 2, 3호 공저
· 2009, 2011 마음에 평안을 주는 시 공저. 카론의 강 공저
· 2010 김시습문학상 수상. 2010 미국 에피포트 문학상 수상
· 저서 : "삶이 없어도 그대 사랑이라면"
· 이메일 : ccj312@hanmail.net

가슴 속에 지은 집

몸과 마음의 휴식처
고독과 갈망의 안식처
아무도 모르게 홀로 건축한
당신이란 이름의 집
너무 따습고 행복해

햇살 반짝이는 집의 입구
오솔길 나무처럼 풋풋하여
방마다 따사로운 미풍 도란거리고
홀로 피어난 민들레처럼
순수하고 은은한 집

오직 내 가슴에
어둠을 밝히는 달빛처럼
은밀하게 구축된 아방궁
나는 이 집의 주인이며
든든한 파수꾼이 될 거야.

동반자

아침이슬 영롱하게 반짝이고
물로 씻은 듯 맑은 햇살 떠올라
창살을 뚫고 그대 가슴으로 스며든다

아! 멋스러운 그대여
가슴으로 젖어드는 사랑이여
품에 안겨 오는 나의 사람이여

언제나처럼 지켜봐 주고
언제나처럼 보듬어 주며
때때로 가슴 저리게 하는

그대는 늘 내 곁을 맴돌아
나의 꿈들을 지켜주는
소중한 인생의 동반자여.

철 잃고 피어난 젤라륨 꽃

햇살 창가에 일렁이며 묻는다
어때? 겨울도 견딜만하지?
나는 햇살과 사귀는 사이다
유리창을 투과한 따사로운 빛
살갗을 지나 가슴으로 파고든다

햇살 가슴에 담는 순간
여념 없이 따사로워
온기 받으며 피어난
예쁜 젤라륨 꽃
철 잃고 피어난 빨간 꽃

붉은 나비 살포시 내려앉았나
립스틱 짙게 바른 여인의 입술인가
사랑하는 사람과 열렬한 키스를 나눈 듯
젤라륨의 붉은 판타지를 느끼는
신비스런 한낮이 아름답다.

당신 누구세요?

창문 열어 아침 햇살을 보게 하는
풀꽃에 얹혀 해맑은 미소를 짓게 하는
마른 들판에 내리는 비처럼 생기를 주는
당신 누구세요?

내 영혼을 낭만적으로 번쩍 들어 올린
지친 내 어깨에 살포시 앉아 노래하는
민들레처럼 하늘하늘 나를 작게 하는
당신 누구세요?

내 손끝을 타고 올라와 가슴을 치는
날마다 푸른 비로 나를 적시는
삶이 서러워도 견디게 하는
당신 누구세요?

당신이 더 보고 싶을 때가 있다

당신이 더 보고 싶을 때가 있다
비가 내릴 때
밤 창가에 풀벌레 울 때
휘영청 달빛이 눈부실 때
홀로 와인을 마셨을 때
골목길에 가로등 홀로 흐느적일 때
멀리 들창에 불빛이 가물거릴 때
황금빛 은행잎이 비처럼 쏟아질 때
먼 길을 홀로 돌아올 때

이런 날 당신이 더 보고 싶다
꽃이 피고 나비가 날 때
종일 방안에 박혀 지낼 때
몸 아파 홀로 약국에 갈 때
혼자 라면을 끓여 먹을 때
머릿속에 새겨진 당신 모습을 생각할 때
커피 향이 감미로울 때
발라드 음악을 들을 때
차가운 침구 속에 몸을 누일 때

곁에 있어도 당신이 더 보고 싶다
따스한 당신 품에 안기고 싶어서
고단한 일상사 다 잊고
미친 듯이 차라리 웃고 떠들고 싶어서
죽음 같은 깊은 잠을 자고 싶어서
푸른 초롱처럼 영롱한 별까지 날아가고 싶어서

삶도 때론 별빛임을 절감하고 싶어서
당신과 함께
오직 단둘이서 그렇게.

사랑해!

날마다 보고 싶은 사람이지만
오늘따라 더욱 생각나는 그대
달빛 어린 밤 허공위에
그대 집을 지어 봅니다

그대 눈빛과 정겨운 미소
차마 먼발치에서
바라만 볼 수 없어
집 안으로 들어가렵니다

세포 깊은 곳으로 스미듯
나 이렇게 그대 궁전에 있어
아끼고 아껴온 최후의 말처럼
절절 하게 속삭여 봅니다

사랑해! 라고.

노을 속에 저무는 하루

하루해가 서녘으로 갸웃이 넘어가네
저 해는 오늘 밤 어디서 노숙을 할까
고목나무 아래 누워 쉼을 얻으려나

가을빛 머금어
아련한 주황색으로 번지는
저녁놀이 쓸쓸하다

창문도 붉으래. 물들고
시간은 여전히 분주한 곡예를 하고
저 놀 빛 속으로 달려가고 싶네

바다 같은 노을에
몸을 담그면
거기가 조용한 낙원일까

그리운 사람
거기서 다시 만날 수 있을까
미열이 끓던 하루를 말갛게 씻을 수 있을까

앗!
중천의 새털구름도 물 드네
연보라 빛으로

천지간엔
날마다 드라마다
가슴 벅찬.

그대 그리워

하늘이 미소 지으며 부른다
새털구름 살며시 내려와
내 마음의 창문을 두드린다

가을을 마중하려는 지금
보고 싶은 그대 그리워
애태우는 아픈 가슴이 된다

길 따라 핀 들꽃 향기 타고
곱게 흔들거리는 임의 얼굴
애타게 보고 싶은 내 마음을

산마루에 올라서서
바람에게 소식 전해 달라할까
새털구름 타고 임께로 갈까.

비처럼 내리는 그리움

밤을 실어온 바람
빗속으로 검은 외투 휘날리며 달려와
내 고요한 마음 흔들어대니
골머리 썩는 일 멀리 밀어두고
비 내리는 정경에 마음을 달래본다

어둔 밤 오붓하게 비 내려
어디론가 달려가는 마음
파란의 인생사 모두 접고
한 방울 뜨거운 빗물 되어
그대 머문 대지에 스며들고 싶다

내 사랑 비처럼 흥건히 내린들
무슨 수로 그대 속까지 스밀 수 있을까
멀리멀리 별빛처럼 우련한 사랑
전설 같은 꿈과 소망 가득 쌓인 밤

내 마음 방향 잃고 길을 헤매다
수만 리 길 뛰어넘어 줄달음치는 마음
빗소리에 그대 음성 뒤섞여 윙윙거려
그대 향한 그리움만 비처럼 흘러내린다.

가랑비

찌푸린 하늘
창문을 열고 얼굴을 내민다
별이 된 당신이
구름에 가려 내가 안 보여
보고 싶은 마음 전하려고
눈물을 뿌려 눈물을 뿌려
창가에 맴돌다
내 얼굴에 점자처럼 내려앉는다
당신이 전하는 간절한 마음
얼굴로 읽는다

· 1944년 7월 4일생
· 직업 : 황포농산 경영
· 전화 : 010-2624-2549
· e-mail : hej4@hanmail.net

변산반도

지난겨울에 왔다가
사고 때문에
눈 덮인 내소사(來蘇寺) 구경도 못하고
빈 가슴에
하얀 눈만 한 아름 안고 가서
장독 위에 소복이 쌓아 놓았더니
사흘 밤 낮 바람 불어
흔적도 없이 사라졌어라

아쉬워
올겨울 다시 찾았더니
내소사(來蘇寺)는 만났는데
기다리던 눈은 오지 않고
찬바람만 귓가에 사납구나

채석강에 홀로 앉아
잠자려는 바다를 건너다보니
수평선 넘어가는 해도
힘들고 외로웠던지
내뿜는 붉은 한숨
예까지 불어와
허전한 마음 빨갛게 물들인다

크리스마스

언젠가
교회에 간다던 그녀는
가지 않고 내 옆에
온종일 같이 있었다
나는 하나님보다
내가 더 좋은 줄 알았다

지독히 추운 날
크리스마스가 되자
그녀는 온종일 코빼기는커녕
음성메시지 한통 없다
오늘은 하나님이
나보다 더 좋아졌나 보다

오늘 같은 날엔
산타클로스 선물도 아니고
재미있는 T.V도 아니고
맛있는 음식도 아니다
하나님한테서
그녀를 찾아왔으면 좋겠다

혼자 사는 여자

너무 똑똑해서
바보 같은 그녀
싹둑싹둑 시간을 재단해서
하루를 자투리 하나 없이 보내고
집에 와 열쇠 달그락 현관문을 연다

쥐죽은 듯 적막한 10시 30분
저녁상 대신 컴퓨터 앞에 앉는다
유학간 아들한테서 메일이 와 있다
"엄마 생신 축하드려요. L A에서 아들"

오늘이 잊고 있던 그녀 생일
작년에 세상 떠난 친정엄마
구수한 미역국 생각에
눈시울 촉촉해진다
엄마가 남겨 두고 간 난초를
물끄러미 바라본다

달빛 외롭게 놀러 온
고요한 베란다에는
딸의 생일날이라 찾아와
창가에 온종일 기웃거리다 돌아간
친정엄마의 눈물이
난초 잎에 방울방울 남아 있다

복사꽃

올해는
아내가 사랑했던
복사꽃이 피지 않았다
지난겨울 혹독한 추위를
괴로움으로 맞섰지만
봄이 와도
끝내 꽃을 피우지 못했다
썩어가는 나무를
톱으로 베어 넘긴다
죽은 나무도 안타깝고
내 마음도 찢어져
나무를 다시 심지 않는다
멀리 떠난 당신처럼
복사꽃을 기다리지 않는다

생쥐

언제부턴가 우리 집엔
생쥐 한 마리 드나든다
어떤 날은 빵을 물어가기도 하고
언젠가는 밤톨을 물고 오기도 한다.

이젠 나를 보고 도망도 안 간다
생쥐는 까만 눈동자가 빛난다
내가 몸이 아파 누워 있으면
내 주위를 맴돌며 콩콩 뛰다 간다

생쥐가 요즘 뜸해졌다
방을 치우는데
방바닥에 생쥐 털이 남아 있다
지난날 생쥐의 가느다란 기억들이
털끝처럼 바람에 하늘거리다
청소기 흡입구로 지워져 간다

노숙자

서울역 지하역에는
노숙자가 추위에 떤다
경제가 잘 돌아가고 국민소득이 올라도
노숙자가 누운 곳엔 보일러가 없다

지상으로 올라가는 계단 위에는
검정개들이 모여든다
노숙자를 위한다 외치며
누런 이빨을 드러내고 죽도록 싸운다

검정개들은
노숙자는 알지 못하고 알 필요도 없다
이름만 알면 된다
자기들 싸우는 구호로 쓴다

이제 노숙자이름이 군가다
검정개들은 자기들 패거리가 이기려고
싸움을 시작하면
의례 군가를 부른다

이 순간 지하역에 있는 노숙자는
추위도 배고픔도 이기지 못해
하얀 입김이 성회가 되어
가슴속까지 파고들었다
숨도 멈추고 눈동자도 멎었다

검정개들의 군가 소리만 울려 퍼진다

빛바랜 친구

가물가물해진 옛날
이름은 생각 안 나고 별명은 윤사기다

속지 않으려 정신을 바짝 차려도
헤어지고 보면 또 속았다

그 친구는 꿈에 만나도 속는다
그림자를 밟아도 속는다는

별명도 잊혀질 무렵 어느 날
그에게서 전화가 왔다

미국에서 귀국해 서울에 사무실을 열었으니
자주 만나자고 했다

나는 사업도 못하고 노후 준비도 안돼서
자식들에게 의지해 겨우 지낸다고 했다

그 후론 전화가 오지 않았다
이번엔 내가 속지 않은 걸까

얼마 후 꼼꼼하기로 이름났던 친구에게서
윤사기를 극구 칭찬하는 전화가 왔다

불면증

밤마다
내 집에 찾아와
선녀처럼 황홀한 춤을 추는
영희의 모습이
눈앞에 왔다 가곤 한다

오늘 밤도
영희를 만나야 하는데
잠을 자야 만나는데
잠이 오지 않아 뒤척이는데
수탉이 홰치며 우는구나

호박잎

이동슈퍼 봉고차 앞에
아낙들이 조잘거리며
조기 명태 고등어
한 바구니씩 안고 간 뒤
뒤편에 처져 있던
스무 살 된 허약해 보이는 새댁이
만삭인 몸으로 다가가
20원짜리 호박잎 한 묶음을 집어 들었다

그날 저녁 반찬은 강된장에
데쳐낸 호박잎뿐이었다
호박잎이 제일 먹고 싶었어요
어색하게 나를 위로하는
아홉 살 아래인 아내
농사꾼이 되길 결심하던 날
지금 의사가 된다고 인턴 과정 공부하는
첫아이를 낳았다

농장 생활이 너무 힘겨워
옛이야기 하며 여행 한번 못 가고
어린 자식들 눈에 넣은 채
노을 붉게 물든 선산으로 갔다
텅 빈 농장 한편에
어린 아내가 먹고 싶었다고
나를 위로했던 호박잎에는
항상
이슬이 많이 고여 있다

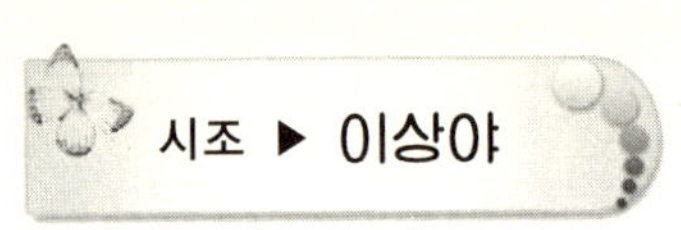

여걸 삼국지

— 대낮 트래킹

어제 낮 삼국의 여걸들이 다 모여
중원의 돌아가는 판세에 대하여
긴박한 논의가 심각하게 있었는가 봐요

하늘도 긴장을 해서 낮빛을 흐렸구요
비장한 결정을 셋이서 내렸는데요

결론은
다음 트래킹은
강제 동원이래요.

* 초등학교 여자동창생들의 트래킹모임,
그 날 실적이 저조했었는가 봐요.

· 1956년 서울 출생
· 한울문학 시로 등단. 문학사랑 시조로 등단
· 문학사랑문인협회 회원. 한국문인협회 회원. 대한사이버문학회 동인
· 문학사랑 제18회 인터넷문학상 수상
· 시집 : 『풍경소리』 출간(2009)
· e-mail : 15725@hanmail.net

소나기 · 1

허겁지겁 달려와 흠뻑 젖 먹여 놓고
가슴 여밀 시간도 없이
뒷정리도 못하고

또 간다.
머리에 함지박이고
새참 시간이다.

소나기 · 2

번쩍 칼날 스쳐간 뒤
고함소리 들려오고

드럼 연주 끝이 나자
스펙트럼 펼쳐졌다.

무지개
쌍으로 떴다.
은빛가루 반짝인다.

소나기 · 3
— 수업 전

소고 소리
들리고
경마장 말굽소리

환상적인 스테레오
좌 귀에서
우측으로

"드르륵"

교실 문이 열린다.
"쾅"

조용하다.
자라목이다.

윷놀이

현관 앞 신발들이
윷놀이를 하고 있다.

엄마, 아빠 신발들은
나란히 모가 나오고

누나와
우리들 신발
도, 개
아니면

낙
이
다.

여름밤의 소묘
— 가로등 주위

깜깜한 밤 하현달
가로등과 임무 교대하자,
하루살이, 매미, 잠자리, 쌀방개, 똥방개, 장수하늘소, 풍뎅이, 사슴벌레
밤하늘에 그물 치듯
소나기 퍼붓듯 산지사방 떠들썩하다.

새벽녘,

무슨 일 있었나?

깨끗하다.
백짓장이다.

떠나는 거야
— 낙엽

왔던 길로 모두들
떠날 준비 하는 거야

굳어져 버린 정을
툭 툭 털어 버리고

새로운
달콤함을 위해
야금야금 떠나는 거야

작은 것 버리고
새로운 것을 찾아

엄마의 가슴 떠나는
갓난아기 미련처럼

뒤돌아
아쉬움 남기며
그렇게 떠나 보는 거야

파도치는 바다에
혼자 남은 통통배

앞으로의 기약도
정해 놓지 못한 행로

한 생명
또 한 목숨이
처절히 투쟁하고 있는 거야.

너 들꽃 될래?

— 도시의 뒷골목

너 들꽃 될래?
나 바람 될게.

그렇게 묻고 싶던 말 목젖으로 넘기고.
오늘도 투덜거리는 구두를 끌고
거리의 어둠을 꿰맨다.

뒤 돌아 본들 아쉬움 하나 없는
도시의 골목길.

고양이 저쪽에서
이제는 염치도 잊은 듯
어슬렁거리며 유유히 사라지고
뒤척이다 만 비닐봉투만
허연 배 드러낸 채
허기에 차 뒹군다.

참 가엾은 풍경이다.
참 비린내 나는 풍경이다.

따스한

따끈한 국물이
당기는 시간이다.

늦은 오후
— 화단 스케치

화첩 접듯 백팔배 하듯
얌전한 노랑나비

해종일 꽃잎에다
입맞춤 퍼 붓다가

훨 훨 훨
손짓하며 간다
비손하듯 기도하듯.

석류

밤하늘 칼금 긋고 간
여름날의 그 상처

고개 숙인 여중생의
풋풋한 단발머리

아니다.

속으로 태우다
쏟아버린 용광로.

선운사 동백

툭툭 꺾여 낮게 자란 선운사 동백나무
마디마디 초롱 걸어 어두운 밤 밝힌다.
매끄러운 동백기름 발라먹고 자란 나무
빗나가듯 동박새 가지 사이 넘나들고
대롱대롱 목탁들 군데군데 걸려있다.

햇빛 달빛 먹고 자란 파릇파릇 동백 잎
쑥 개떡, 절편처럼 기름 잘잘 흐르고
수줍은 옆집아가씨 은근슬쩍 담 넘는다.

수필

http://cafe.daum.net/hankuk2003

▶▶▶ 수필

이런 사람, 저런 사람, 별별 사람들

사람을 대하는 일을 하다 보니 여러 종류의 사람들을 만나게 된다. 부지런한 사람, 게으른 사람, 성격이 좋은 사람, 괜스레 트집 잡는 사람, 등등.

새 호텔의 직원들은 모두 다 전부터 일하던 사람들이다. 그들 모두 하나같이 우리가 잘 되기를 바라며 자기 일처럼 열심히 일하면서 우리가 모르는 것들을 가르쳐준다. 문제는 전 주인이다. 그동안 만나면서 본 선한 모습과는 딴판으로 모든 마무리가 허술해서 호텔에 손 볼 곳이 많은 것은 물론이고 여러 곳에서 오는 빚 독촉 전화로 성가실 지경이다. 그동안 물건들을 대어주던 다른 회사들도 전주인과의 관계가 해결 되어야만 거래할 수 있다 하여 많은 일들이 늦어지고 있다.

반면 새 주인인 이 남자는 말도 느리고 행동도 느리다는 충청도 사람임에도 일이 있으면 잠을 못 이룰 정도로 모든 일에 빠르다. 한 예로 전화나 전기나 무슨 청구서가 날아오면 받는 즉시로 수표를 써서 우체국에 가져간다. 열흘 이상 여유기간이 있음에도 당장 보내지 않으면 맘이 편치 않다 하면서, 한 번에 모아서 가져가면 되는 것을 여

· 1961. 10. 14(음). 서울
· 계간지 "문학사랑" 수필부문 신인상 당선
· 서울에서 고교 마치고 미국으로 건너가 어학과 교육신학을 마침.
· 현재 미네소타 주에 거주
· e-mail : ugk7439@hanmail.net

러 번 다니는 번거로움을 자처한다. 또한 밥을 먹다가도 뭔가 생각이 나면 수저를 놓고 일을 보고야 마니 함께 밥을 먹는 사람은 영 재미가 없다.

어제는 아버지와 아들로 보이는 두 남자가 호텔에 들었다. 호텔 가격도 할인받고 예약할 때 이야기가 다 되었다며 애완견 비용도 따로 내지 않았다. 애완견 규칙에 대해 설명을 듣고 서류에 서명까지 한 사람들이 방에 개를 두고 나갈 수 없다는 오후 근무자의 말에 화를 내며 시끄럽게 문제를 만들었다. 돈을 돌려주고 내어보낼까, 블랙리스트에 올릴까, 잠 못 이루고 고민했는데 아침에 그쪽이 먼저 농담하며 아무 일도 없다는 듯 조용히 체크아웃을 한다. 우린 서로 마주보면서 그저 싱거운 미소를 지었다.

서비스업이라는 게 참 어렵다. 우리 실수는 당연히 인정하고 사과해야하지만 손님 쪽의 실수나 괜한 억지에도 웃으며 대해야 하니 속이 썩을 지경이다. 물건을 두고 가는 사람들도 많아 챙겨두었다 주는 경우도 많지만 아예 없는 물건을 두고 갔다며 난처하게 만드는 경우에는 참 할 말이 없다. 그러나 웃으면 복이 온다는 옛말을 믿으며 그래 화내면 뭐하랴 내 속만 썩는 걸, 오늘도 들려오는 노래소리에 맞춰 열심히 청소를 한다.

양자택일과 그 결과

우리는 세상에 살면서 수많은 선택을 하면서 살고 있다. 간단한 예로 오늘은 치마를 입을 것인가 바지를 입을 것인가. 또는 자장면을 먹을까 아니면 짬뽕을 먹을까. 매일의 소소한 선택도 있지만, 때로는 진학을 할 것인지 직장을 찾을 것인지, 아파트가 나은지 일반 주택이 더 나은지 결정을 해야 하는 큰 문제도 있다.

최근에 우리 집도 중대한 결정을 해야 하는 시간이 있었다. 먼저 운영하던 사업장을 팔고 새 사업을 찾기에 일 년을 넘기니 점점 초조해지기도 하고 불경기에 오히려 매물이 없다보니 마땅한 곳을 찾기가 힘들었다. 여러 번 가보고 서류도 검토하고 이것저것 따지고 재보고 그렇게 찾아낸 곳이 두개로 좁혀졌다. 이제는 한곳을 정해 결정을 해야 한다. 두 곳 모두 백 프로 마음에 든 것은 아니다. 하지만 세상에 완벽한 것은 아마도 없을 것이다. 부족하고 모자라도 살면서 고치고 만들어 가는 게 삶일 것이다. 이제 한 주 뒤에는 새로운 일터에서 전부터 일하던 직원들에게 모든 것을 배우며 또는 새로 개척하며 적응해 나갈 것이다. 놓친 물고기가 더 커 보이고 남의 손에 쥔 떡이 더 커 보이듯 다른 사업장이 오히려 더 나을 수도 있겠지만 그걸 생각하고 되돌아보는 짓은 하지 말아야 할 것이다.

언젠가 우리 교회에 오신 부흥 강사님께 질문 한 적이 있다. 성경에선 마리아의 선택이 마르다의 선택보다 더 낫다고 하는데 마르다의 일을 맡은 사람은 어찌해야 하는지, 나도 마리아처럼 말씀을 사모한다고. 이해가 안 되는 분들을 위해 설명하자면, 예수님의 방문에 언니인 마르다는 접대할 음식 준비로 바쁜데 동생인 마리아는 말씀 듣느라 목을 빼고 앉아있으니 좀 도와달라고 했던 것인데 마리아 편을 드는 예수님. 물론 마르다도 말씀을 듣고 싶었겠지만 일을 해야 했고 또 누군가는 해야만 할 일이었다. 성경의 의미는 둘 중에 우선 순위를 어디에 두느냐를 말 한 것이지만 그렇다고 당장 해야 할 일을 그만 두라는 말은 아니다. 그날 강사님은 마리아의 마음으로 마르다의 일을 하라고 하셨다. 부수적인 것에 분주하지 말고 미리 할 것은 미리하고 또 중요한 일에는 전심으로 그 일에 집중하고. 어느 것을 선택하느냐에 따라서 모든 것이 달라질 수밖에 없기 때문이다.

자신의 결정은 스스로 책임을 져야한다. 추운 겨울에 멋 내기 위해 치마를 입었다면 좀 추워도 참아야하고 편하기 위해 아파트에 살기로 결정했다면 바깥 활동이 불편할 것은 자명한 일이다. 콩 심은데 콩 나고 팥 심은데 팥 난다는 우리 속담이 있다. 이제 우리는 어떤 선택을 했을 때 후회하지 말고 주저하지 말고 최선을 다해 열심히 노력해야 할 것이다. 좋은 결과를 기대하면서 한눈팔지 말고 열심히 노력한다면 좋은 것 주시길 원하시는 그 분은 우리에게 넘치도록 부어주실 줄 믿는다. 굳이 신의 축복을 기대하지 않을지라도 열심히 일하는 자에게는 좋은 일이 있으리라 믿어 본다.

세 개의 생일

고향집 부모님께 전화를 거는데 열 번 이상 울리도록 아무도 안 받으신다. 그곳 시간이 지금 오후 세시니 산보를 나가셨나보다. 곧 생일이 다가오는 줄은 알고 있었지만 오늘인 줄은 서방님이 축하한다고 말 해 주어서야 알았다. 어쩌다보니 생일이 일 년에 세 번이나 있어 오히려 더 못 챙기는 변이 생기기도 한다.

난 어려서부터 욕심이 많아 무슨 일이 있어도 생일은 꼭 챙겨먹었다. 사실 우리가 자라던 그 시절은 많은 사람들이 밥도 제대로 못 먹던 그런 시절이기에 생일에 떡을 노래하고 기어이 챙겨먹었던 나는 지금 생각해보면 참 대단했다. 어머니 말씀처럼 먹을 복을 타고 나기도 하였거니와 추수를 마친 늦은 가을에 태어난 것도 행운이리라.

음력 시월 십사일, 소가 모든 일을 마치고 편히 쉬면서 맛난 여물로 살찌는 계절 아닌가. 그러나 미국으로 떠나기 전 미국에선 음력을 찾기 어려울 거라며 도서관에서 책력을 뒤져 신축년 양력생일을 찾아준 언니 덕에 이곳에선 아이들과 십일월·이십일일로 생일을 지키고 있다.(지금은 인터넷으로 바로 찾을 수 있지만 그때는 그리 쉬운 일이 아니었다)

하지만 뿔뿔이 떨어져 살고 있는 아이들이 기억해주기를 바라는 건 엄마의 마음일 뿐. 아이들에게는 미국사람들이 기억하기 쉬운 추수감사절 조금 전이니 그때쯤 생각나면 전화라도 달라고 부탁했는데, 올해는 누가 기억하고 전화할지 두고 볼 일이다.(언젠가 아이들한테 세 개의 생일에 대해 말했더니 말도 안 된다며 웃어재꼈다.)

또 하나의 생일은 아버지 덕에 생긴 주민등록의 날짜이다. 뭐 굳이 생일이라곤 할 수 없지만 모든 서류엔 그날이 적혀있으니 아니라 할 수도 없는 일이다. 아버지는 당시에 신생아들의 잦은 사망률 때문인지 두 달이 지난 이듬해 일월에 출생신고를 하시며 아마 면사무소에 가신 날짜로 적으신 것 같다. 덕분에 가끔은 순한 소띠가 아닌 살벌한 호랑이띠로 둔갑하기도 한다. 동갑이신 아버지 친구 분과 같이 읍내 나들이를 가셨던지 한살이나 많은 친구 분의 아들도 나와 같은 62년 1월 20일다.(우린 초등 동창이라 역시 친구다.)

아무튼 그런 저런 사연으로 서류로는 일 월 생이요, 아이들과는 십일월에, 그러나 어머니께는 제 날짜에 전화 드린다. 가까이 있다면 찾아뵙고 함께 미역국을 나누어 먹겠지만 그저 전화로만 인사드려도 무척 반가워하시며 "지난밤 꿈에 보이더니 생각하고 전화 하는구나" 하신다. 몸은 많이 쇠약해지셨어도 기억력이 밝으신 어머니는 본인 형제간 뿐 아니라 시댁 식구들, 또 이웃 간의 날들도 다 기억하시고 챙기시니 그저 인사만 해도 전화 한 이유를 아시는 것이다.

자기 전에 다시 한 번 전화를 넣어 봐야지. 지금 이곳은 새벽 한시를 넘기고 있다. 아침에 만들 미역과 고기를 챙겨 놓고 혹시나 신랑이 챙겨 줄 특별한 이벤트를 기대하며 미리 즐거워진다. 이러다 김칫국 제대로 마시는 건 아니겠지?

어느 화가의 일우

유난히도 덥고 하절기가 길었던 2010년도 여름. 더 나이가 들면 힘에 버거워질 것 같은 조급한 마음에 개인전을 준비하기로 했다. 그러나 이미 다른 전시일정으로 인해 대관은 여름에나 가능했다.

생계수단으로 운영하는 좁은 가게 방에서 수시로 드나드는 손님들과의 대면은 그야말로 전쟁을 방불케 했다. 그러한 가운데 전시는 소품(10호)으로 계획을 잡고, 몇 개월에 걸쳐 붓과 씨름을 한 후 이루어냈다. 그림 작업은 물론 도록제작과 액자제작은 지원을 받겠거니 했던 곳으로부터 제외되다 보니 부담 또한 컸다. 일반적으로 개인전이란 그동안 자신이 갈고 닦은 모습을 공개하는 목적도 있겠지만 한층 더 자성하고 발전하는데 있다고 볼 수 있다.

오픈식 때는 많은 미술인들과 지인이 있었지만 뜻 밖에 중학 동문 한 명이 잘못 적힌 주소를 들고 어렵사리 전시장을 찾았다. 학창시절 공부도 잘하고 명랑했던 4인방 중 한명이기도 했던 그 친구도 세월의 무게를 못 이기는 듯 늙어가고 있었다. 그 친구는 부천 근교에 살면서 교사직을 40년 했다는 한 여동문의 연락처를 내게 넘겨주었다. 곧바로

· 대한민국미술대전 3회 입상
· 단원미술대전 선정 작가전
· 구상전 장려상
· 기타 공모전 이상
· 현 부천한국화협회 회장
· 현 부천미술협회 한국화 분과장

통화가 이루어지고 다음날 전시장으로 오겠다는 약속을 받아놓았다.

다음날 나는 그녀와의 약속을 까맣게 잊고 전시장에서 관람객을 맞이하고 있었는데 작품에 유독 관심이 많은 듯한 초로의 여인에게 작품설명을 하게 되었다. 대화를 하다 보니 그 목소리는 전날 내가 통화를 했던 바로 그녀가 아니던가. 실로 근 50년 만에 만난 그 동문은 어느 사이 노인이 되어, 상상했던 그의 모습은 이미 사라지고 없었다. 새삼 세월의 무상함을 느끼던 순간이었다. 타 동문들의 소식과 인생 이야기를 길게 나누다 돌아가는 그녀의 모습을 바라보고 있자니, 반가움보다 쓸쓸함이 앞서는 순간이었다. 전시 마지막 날 지인인 김 시인과 윤 박사가 방문을 했다. 식사를 하며 많은 대화 중 윤 박사의 한 마디가 여운을 남겼다.

'옛 애인을 절대 만나지 마라. 왜냐하면 상상만해오던 과거의 아리따운 미모의 형상이 일순간에 사라지니 죽는 순간까지 그 모습을 간직하라.'

인생의 모든 것들은 순간의 영상처럼 사라진다. 때로는 아름답고 즐겁고, 때로는 슬프고 괴로웠던 형상들을 회상(回想)이라는 화두를 가지고 미적인 조형언어로 구성하여 발표한다. 사람들은 추상표현이 난해하고 이해하기 어렵다고는 하나 그림이란 나름대로 정의를 내리기에 눈으로 보는 그림과 마음(느낌)으로 보는 두 가지 형태가 있다. 추상적인 그림에서 굳이 무언가를 찾아내려하면 머리가 아프다. 감상은 관객의 몫이니만큼 마음대로 정의내리고 결론을 지어도 상관없다. 사회란 못난 사람, 잘난 사람이 뒤섞여 사는 공동체다. 예술은 어디까지나 개성을 가장 중요시하기 때문에 작가의 세계를 존중해야 한다.

성철스님은 '산은 산이요 물은 물이다' 라고 했다. 우리네 인생철학, 예술에는 정답이 없다는 이야기다. 그저 주어진 삶에 최선을 다하는 길이 정답이리라.

만나자는 약속이 두렵다

아기를 돌보는 일은 내게서 많은 것들을 잃게도 하고 얻게도 하였다. 잃은 것들은 추억 속에 묻기에는 아직 이른 사람들과의 만남이 거의 끊겼다는 것이다. 얻은 것은 아기들의 성장이다.

십 여 년 동안 손자 손녀들과 정신없이 지내다 보니, 시간의 여유가 생기면 만날 거라고 생각했던 이웃들에게 나는 잊혀진 사람이 되었다. 번거로운 관계는 참지 못하는 성미 탓도 있겠지만 아기 돌보는 일에 우선하다 보니 이젠 아무도 찾아주지 않는 외로운 사람이 되어버렸다.

좋던 싫던 육아는 게으름을 피울 수 없는, 밭을 일구는 농부와 같다. 내가 하지 않으면 안 되는, 누구에게도 전가할 수 없는 나만의 독점 품목(?)으로 난 기꺼이 그 모든 만남을 외면할 수밖에 없었다.

학원 강사인 딸은 쉬는 날이 많지 않다. 이따금 쉬는 일요일이 있어 숨통이 좀 트이는가 싶으면 곧바로 중간고사니, 기말고사니 하며 일요일도 숨 가쁘게 바빠진다. 덩달아 내 발걸음도 그에 맞추려 바쁘게 뛸 수밖에 없다.

· 1951년생
· 수필문학 등단
· 한국수필가협회 회원, 문학사랑 문인협회 회원,
군포문인협회 회원, 한국문인협회 회원
· 문학사랑 제10회 인터넷문학상 수상
· 대한사이버문학회 회장
· cryingbird50@hanmail.net

"엄마 인생은 뭐야?"

딸의 퇴근 시간에 맞춰 늦게 귀가하는 날 보고 하는 이웃 주민들의 동정이다. 마치 그렇게 밖에 살지 못하는 나를 경멸하는 말처럼 들린다. 자격지심일까?

"어떻게 그렇게 살아요?"

더 좀 치다 가요. 라고 말하는 탁구 동호인들의 서운함이 담긴 동정이다.

"누구한테 맡길 수 없어요?"

여행 모임에서 탈퇴를 하지 못한 내 잘못이 크다. 여행을 계획할 때마다 빠지게 되는 나를 안타깝게 여기는 동호인들의 동정이다.

"그럼 언제면 만날 수 있는 거니? 나와서 밥만 먹고 가라. 애들 잠깐 맡길 사람 없니?"

친구들의 성화다. 어쩌다 만나는 날짜를 내 쪽에서 잡으면, 그럼 그때는 되는 거니? 믿을 수 없다는 듯 재차 확인질문을 한다.

"될 거야, 아마."

나는 그 날짜 밖에 되지 않는데, 약속전화를 기다리고 있으면 오히려 친구 쪽에서 전화가 오지 않는다. 그들에게도 그날 꼭 해야 할 피치 못할 사정이 생겼을 것이다. 내게만 맞추라는 독선은 있어서는 안 되었다. 그런 지켜지지 않는 약속들이 몇 번 오고 가다 보면 서로에게 미안해지고, 좀처럼 시간을 낼 수 없는 나 때문에 지쳐버려 약속을 다시 잡자는 말 못한 채 세월이 흐른다.

그러고 보면 손자손녀는 내가 낳은 아이들처럼 내 발목을 꽉 잡고 있다. 딸 부부는 내 이런 애로 사항에 대해 무관심한 척 한다. 단출한 가족관계 탓으로 어느 누구에게도 부탁할 수 없는 처지라는 건 내가 더 잘 알고 있다. 하지만 가끔 야속할 때도 있다. 그러나 그 애들 입장이 되어보면 이해 못할 것도 없기에 이성으로 다독인다.

많은 사람들이 하고 싶은 일보다 하고 싶지 않은 일을 더 많이 하며 살고 있다. 나도 그 부류에서 예외일 수가 없다. 엄마의 희생(?)과 봉사로 저희들이 탈 없이 살아만 주면 진심으로 감사할 일이다.

간혹 아기를 보지 않는 한가한 날이 있다. 부질없어 보이던 만남들이 불현듯 그리워진다. 하릴 없이 마주 앉아 마시던 따듯한 차 한 잔이 그립다. 왜 그렇게 사느냐고 비난하는, 내가 설명하기 곤란한 질문을 하지 않는, 다시 또 만나자는 약속 해주지 않는, 그런 친구와 차를 나누며 내 생각만 할 수 있었으면 좋겠다.

바람이 분다. 불쑥 어디론가 떠나고 싶어진다. 꼭꼭 약속하지 않아도 만나면 금세 의기투합 할 수 있는 친구가 있었으면 한다. 우리는 서로의 생활에 자신을 맞추지 않는, 자신만 생각하며 주어진 시간을 누릴 수 있었으면 좋겠다. 서로에게 주고받는 게 없이 공평했으면 좋겠다. 양보나 희생, 배려 따위 한 것이 없으니 억울할 게 없다. 빚진 마음으로 헤어지지 않아도 된다. 마음의 빚은 반드시 내일을 기약하려 한다. 때문에 약속이 여유롭지 못한 나로서는 빚진 마음이 싫다.

좋은 집에서 살고 싶다는 꿈과 희망을 꺾은 지 꽤 되었다. 하지만 이따금 그런 근사한 서재에서 여유롭게 사색하며 글을 써봤으면 하는 생각은 아직도 간간히 한다. 그러나 그런 생각을 할 때마다 자신에게 반문한다. 행복할까? 행복하지 않을 것 같다. 지금의 내가 달라질 것이 없기 때문이다. 한때는 그토록 갖고 싶었던 것들이었는데 지금은 시간의 여유만 주어진다면, 바람 비 가려주는 잠 잘 집만 있으면 감사하겠다.

암튼 그 누가 되던 간에 내가 찾을 때까지, 헤어질 때 다시 만나자는 약속의 인사 나누지 않았으면 한다.

"걔? 못 나와. 손자 손녀 키우느라 정신 없거던…"

내 이미지는 얼추 이렇게 고정되어 있지만, 아직도 난 만나자는 약속이 두렵다. 왜냐하면 지키지 못할 약속이 되어버릴까 봐 두렵고, 혹 못 지킨 약속 때문에 두고두고 책임을 추궁당할 것이 싫다.

탁구에서 인생을 배운다

우리는 생존을 위해 준비하고 행동한다. 먹고, 자고, 싸고 하는 신생아를 제외한, 지각이 트는 유아기부터 생존을 위한 준비를 학습을 통해서 시작한다. 그때부터 시작된 인간의 심신은 쉴새없이 반복학습을 통해 기능과 기억을 훈련한다. 그리고 반복학습을 통해 훈련된 그 기억들은 어느덧 꿈으로 발전해 미래의 청사진이 되어준다. 인생의 목표가 정해지는 순간, 우리는 그것들을 이루려 고군분투하기 시작한다.

미래의 청사진, 바로 그 "미래"에 서있는 나는 꿈을 이루려는 욕망을 잊었던 것 같다. 그와 같은 깨우침이 새삼스럽다. 지금쯤은 웬만한 모양이 만들어져 있어야 할 미래의 나는 여전히 불완전하고 미흡하다. 남보다 노력이 모자란 삶을 살았다는 것일 게다.

돌아보면 내 삶은 준비에 실패를 거듭한 유형에 속한다. 늘 미흡하고 불만족한 이유가 아마도 그 때문인 듯하다. 그래서 난 지난날을 잊기로 하였다.

모든 구기 종목이 그러하겠지만 탁구란 운동은 순발력을 필요로 한다. 한번 치고 그 다음 공을 넘기기 위해서는 다시 칠 자세를 빠르게 갖춰야 한다. 치고 준비, 치고 준비… 준비를 순발력 있게 해야 2.75g의 공을 쫓아다니며 쳐 넘길 수 있다. 준비 시점을 찾지 못하는 나는 계속 헛손질로 공을 놓치기 일쑤다. 지금까지의 내 삶이 그러한 것 같아 서글퍼진다.

사람들은 잠들기 전 내일을 설계하며 마음의 준비를 한다. 직장인은 맡은 업무와 관계된 일을 준비하고, 퇴근 후에 일어날 일들에 대해서도 준비를 한다. 전업주부들도, 공부하는 학생들도, 나름대로 시종일관 준비를 한다. 그래서 눈 뜨는 아침부터 잠들기 전까지 끊임없이 계획하고 준비하고, 준비된 계획을 실행하려 행동에 옮기곤 한다.

나도 잠들기 전이면 내일을 준비한다. 눈 뜨자 마자 탁구장을 다녀와 밥을 먹고 딸네 집으로 갈 것이다. 만약 여유가 된다면 글을 쓸 것이다 라고 생각하며 잠이 든다. 하지만 탁구장까지는 실행이 되는데 글까지는 역부족이다.

집에서 글을 써보겠다는 욕심은 부리면 안 된다. 그러다가는 손주들 마중 시간에 맞춰 가기가 힘들어진다. 딸네 집에 가서 쓰자. 꼬마가 태권도장에 가면 한 시간 정도는 내 시간이다. 그 시간에 뭔가 써보자. 생각하며 부랴부랴 집을 나선다. 그렇게 계획을 잡아보지만 실천하기는 힘들다. 집안일은 변수가 많다. 회사 일처럼 반드시 해야 할 일이 정해진 것은 아니지만 기본적으로 해야 할 일들이 있다. 결국 표시 나지 않는 일로 어영부영 지내다가, 까짓 거, 집에 가서 여유 있게 쓰지 뭐, 하고 미룬다. 그렇게 편안한 마음으로 글감에 대한 생각들을 놓아버린다. 그리고 깊은 밤, 내 계획은 졸음에 밀려버린다.

손자 손녀의 자라나는 과정을 지켜보며 나는 인생이 끝이 없는 준비의 연속이라는 것을 잊은 채 살고있다는 것을 알게 되었다. 내 자식을 키울 때는 채찍만 있었지 그 아이 입장에서 바라보는 여유는 갖지 못 했었다. 때문에 난 손자들을 통해 인생을 관조할 수 있는 느긋함을 갖게 되었다.

꼬마들이 미래지향적 준비를 하고 있다면 나는 희망이 끊긴 다리 앞에 서있는 느낌이다. 산 날 보다 살아갈 날이 짧아진 세월을 실감한다. 허망하다. 사뭇 허망하다.

한 사람이 성인이 되어 전문인으로 직업을 갖기까지 긴 세월 들인 시간과 노력, 금전 등이 적지 않다. 놀고 싶은 어린아이의 욕망은 과

외와 학원수업으로 억압당한다. 대학을 입학하기 전까지 거쳐야 하는 우리나라 젊은이들의 인생은 여간 고달픈 게 아니다. 돌아보면 결국 자신이 좋아하는 일로 평생 먹고 살기 위한 직업을 찾기 위해 그토록 긴 세월을 준비하고 있는 것이다.

세상은 사소한 것이라도 얻기 위해서는 열정적으로 준비를 하지 않으면, 얻을 수도 누릴 수도 없다. 돈, 권력, 명예와 무관한 취미생활도 자기만의 성취이기에 준비과정의 치열함은 그 어떤 경쟁 못지않다.

남여의 만남은 열정적으로 몰입할 때 아름답다. 인생도 꿈을 이루려 끊임없이 몰입하고 노력하는 과정이 아름답다. 아름다운 과정을 남은 인생동안 즐기고 싶다. 결과가 없는 준비에서 그칠지라도…

어느 날 문득, 준비, 준비를 외치는 탁구 코치의 레슨 소리가 탁구와 무관한 내 인생을 향해 정면으로 날아들었다. 끊임없이 준비해왔다고 믿고 있었던 일상이 무안해지는 순간이다.

행복론 사계

봄의 행복(봄 비 속의 애가)

난 분명 외로웠던 것임에 틀림없다. 비가 주적주적 내리는 봄밤의 거리를 휘젓고 돌아다닌다고 생각해보라. 이 나이에 홀로 비 맞으면서 거리를 배회한다는 것이…

오후 들어 약속했던 일이 펑크 나자 갑자기 시간이 생겼다. 몇 명에게 술이나 한 잔 하려고 연락했더니 모두 약속이 있단다. 갑자기 찾아온 시간의 여유를 어떻게 보내야 하나. 더구나 비까지 주적주적 내린다. 아무나 불러내어 한잔 할 수는 있지만 시간을 죽이기 위해 그렇게까지 하고 싶지는 않았다. 더구나 펑크 난 약속 때문에 내내 마음도 침울하였다.

이런 저런 생각 끝에 영화를 보기로 했다. 영화관까지 꽤 멀지만 상영까지는 한 시간 반 이상 여유가 있다. 그래서 걸어가기로 했다. 비를 한번 맞아 보고 싶었다. 봄비를 몸으로 맞고 싶었다. 비오는 거리를 얼마 만에 걸어 보는 것인가? 그럴 듯 했다. 그래도 시간이 남을

· 1956. 9. 12. 경북 의성 출생
· 부산수산대학교 졸업
· 한국해양수산개발원 연구원
· 대한사이버문학회 동인
· 010-6209-3364
· e-mail : ysock57@hanmail.net

경우를 대비하여 책을 가져가기로 했다. 요즘 나는 에리크 사티의 일대기를 다룬 '에펠탑의 검은고양이'를 읽고 있다. 천재음악가이면서 이단아적인 삶을 살다간 에리크 사티. 당초 난 이 음악가를 알지 못했다. 친구의 추천에 의해 읽기 시작했던 것이다. 빗물은 막아주지만 몸속의 땀은 밖으로 배출시킨다는 고어텍스 점퍼를 입고 끝마무리로 운동화를 신었다.

비를 맞고 걷기로 한 것은 실상은 술을 한잔 하고 싶다는 생각도 깔려 있었다. 혼자 마시는 술. 이것은 가만히 앉아서 마시는 것은 고역이다. 영화에서나 있을 법한 일이다. 혼자 집이나 술집에서 술을 마신다고 생각해 보라. 얼마나 갑갑한 일이겠는가? 삶의 고뇌를 혼자 짊어지지 않는 다음에야… 그래서 걸어가면서 술을 마시기로 한 것이다. 비오는 거리를 술병을 들고 다니면서 마시고 취하는 것을 상상해 보라. 낭만적이지 않겠는가? 술병에는 마시다 남은 드라이진 조금하고 매실주를 섞어 넣었다. 왜 그 술인가는 별 의미가 없다. 눈에 뜨이는 대로 집어넣은 것이다. 진만 마시면 너무 독하고, 그렇다고 비오는 날 캔 맥주를 마실 수는 없는 일 아니겠는가?

이 술병은 내가 아주 좋아하는 것이다. 서양인들이 양복주머니에 넣고 다니면서 위스키 따위를 마시는 장면을 영화에서 본 적이 있을 것이다. 그것과 같은 것이지만 주석으로 만든 말레이시아 제품으로 산에 갈 때 즐겨 가지고 다니는 것이다. 술병과 책을 작은 가방에 넣었다. 그리고서는 끈을 길게 하여 란도셀 마냥 어깨에 둘렀다. 걸어다니는 데 불편하지 않게.

준비가 끝난 후 담배를 집어 듦과 동시에 모자를 하나 썼다. 산에 갈 때 즐겨 쓰는 검은 야구모자다. 그리고 우산을 받쳐 들고 밖으로 나왔다. 갑자기 비 줄기가 굵어졌다. 세찬 소나기가 오는 듯 했다. 사거리를 두 개 지나는 동안에 바짓가랑이는 다 젖어 버렸다. 술을 꺼내 얼른 두세 모금 마셨다. 차 속에 있는 사람들이 보는 듯 했다. 걸어 다니는 사람은 거의 없다. 하지만 차로에는 차들이 꽉 차 있었다. 그래 이 길을 언제 걸어 봤던가? 안주는 없다. 하지만 술이 달작지근했다. 담배를 꺼내 물었다. 그리고 성냥불을 그어 붙였다. 평소 잘 피우지 않는 담배지만 지난번 회식 때 생긴 담배를 이제야 피워 문 것이다. 한 손에 우산. 한 손에 담뱃불. 우정 하늘을 쳐다봤다. 빗줄기가 가로등 불빛에 선을 긋고 있다.

그래. 우리의 삶은 닭장 속에 갇힌 닭과 비슷하지 않던가? 이렇듯 동네 한 바퀴도 돌아보지 못하고 그냥 정류장만 왔다 갔다 하거나, 승용차로 다니던 코스만 쳇바퀴 돌 듯 오가지 않았던가? 도시의 한 복판에서 내 삶의 지리적 경계(boundary)는 과연 얼마란 말인가? 아파트 단지 내인들 제대로 돌아본 적이 있던가?

세 번째 사거리를 지나면서 또 술을 몇 모금 마셨다. 그리고는 방향을 오른쪽으로 돌렸다. 그 방향으로 가면 영화관이 하나 더 있었으므로…(그러나 그 영화관에는 만족할만한 영화가 상영되지 않았다).

걸어 다니는 자유를 마음껏 누리고 싶었다. 발길 닫는 대로 자유자재로 갈 수 있지 않는가? 좌회전, 우회전, 유턴 어디서건 내 마음대로다. 음주보행을 해도 아무렇지도 않다.

한 시간이 지나갈 즘 해서 술병이 다 비워졌다. 벌써 담배도 예닐곱 가치는 피운 것 같다. 미안한 이야기지만 담배꽁초는 아무데나 집어 던져 버렸다. 비오는 밤. 누가 시비를 걸 것이랴. 잘못된 것이기는 하지만 오늘만큼은 개의치 않기로 했다. 적당히 취기가 올랐다. 보도 위에 목련 꽃잎이 비바람에 뚝뚝 떨어져 있기도 했고, 어떤 아파트 담벼락 옆에는 민들레가 피어 있기도 했다. 잘 꾸며진 철쭉이 피어있기도 했고, 군데군데 포장마차가 손님을 부르기도 했다.

집을 나선지 한 시간 반 만에 영화관에 도착했다. 그래도 상영까지는 20여분 시간 여유가 있었다. 얼른 길 건너 할인마트로 가서 술을 한 병 더 샀다. 앙증맞은 작은 병에 진달래술이 담겨져 시판되고 있기에 그것을 샀다. 영화 보면서 마셔야지. 구석에 가서 혼자 마시면서 영화를 봐야지…

영화가 상영되었다. '동승' 이라는 조용한 영화이다. 억새와 낙엽 장면이 많이 나왔다. 그 때마다 한 모금씩 마셨다. 다행히 사람들이 얼마 없어 별다른 제약은 없었다. 멋진 자연풍광 모습이 나올 때마다 내가 그 속에 빠져 들어간 듯한 착각에 젖어 들었다. 술기운이 영화 관람을 방해하기는커녕 더 감동적으로 다가왔다.

영화가 끝난 후 그 길을 다시 되짚어 걸어 왔다. 다리가 뻐근하고 머리가 조금 띵하지만 영화의 느낌이 더 생생하게 전해지는 것 같다(영화자체에 대한 평가는 별개). 오늘의 행각은 분명 낭만을 느껴보기 위함이었다. 하지만 곰곰이 생각해 보니 오늘 저녁의 나는 분명 외로웠던 것이 틀림없다. 온 몸이 비에 젖고 술에 취하였지만 외로움을 술로 달램과 동시에 발로 밟아 뭉개버리고 싶었는지 모른다. 심연깊이 솟아나오는 외로움을 주체할 수 없어 자학한 것인지도 모른다. 빗속을 왕복 세 시간이나 걸어서, 그것도 술을 마셔가면서 돌아다닌 것은 분명 외로움을 털어버리기 위함에 지나지 않았다.

여름의 행복(산 라일락 필 때의 설악 추억)

라일락 향기가 코를 찌른다. 산기슭에서는 아카시아도 기지개를 켠다. 짙은 라일락 향기는 나를 추억 속으로 이끈다. 아… 나의 뇌 끝자락에 있는 말초신경을 흔들어 깨우는 라일락 향기여…

그러고 보니 그것이 작년 이맘때였던가? 우리는 뙤약볕 아래 울산바위를 더듬고 있었다. 5월이라고 하나 바위를 달군 태양 복사열은 우리를 반쯤 녹여 놓고 있었다. 그렇지 않아도 전날 마신 술기운이 채

가시기도 전에 무거운 산 장비를 메고 새벽같이 울산바위에 어프로치 하느라 온 몸이 녹초가 되어 있던 터였다. 그런 상태에서 울산바위의 그 거대한 암장 위에서 한나절을 허우적거리니 온 몸은 여름 동해 바다에서 갓 올라온 오징어 마냥 녹신녹신해 있었다. 속초 앞바다는 아스라이 물안개 속에 옅은 수평선을 드리우고 멀리 천불동 너머 대청, 공룡능선은 한낮의 햇볕에 아미를 찡그려야 겨우 그 윤곽을 살필 수 있었다.

천상(天上)! 그래 우리는 천상을 향한 육체의 향연을 벌이고 있는 것이다. 착각도 자유지만, 그런 망상(妄想)에 입가에서는 약간은 계면쩍었는지 해벌엣 벌린 입술 위로 가느다란 침 한줄기가 흐른 것 같은 순간 아뿔싸 정말 천상에 가까운 것일까? 어디선가 풍겨나오는 선녀의 향취에 정신이 번쩍 들었다. 그래! 여기가 천상이다. 라는 우렁찬 울림이 있을 듯싶게 향취가 온 코를 휘감고 있었다.

그 향취에 취한 듯 근원을 찾기 위해 두리번거리니 아하 바위 위에 선녀의 잠자리 날개 같은 그 무언가가 휘날리고 있었다. 색감도 연한 바이올렛 실크 같은 것이, 나중에 알았지만 그것이 바로 정향나무 향기였다. 야생 라일락이라고 보면 된다.

정원목으로 즐겨 심는 라일락 품종(미스킴이라고 한다)이 키가 큰데 비해 정향나무는 키가 작지만 꽃모양이 훨씬 앙증맞으면서 그 향기는 훨씬 더 짙다. 그 향기는 이름대로 온 몸의 기를 북돋아 녹초가 된 심신을 맑게 북돋워 주었다. 동양 최대의 바위 덩어리인 울산바위 틈새마다에 무더기 무더기로 피어있는 야생라일락. 이맘때의 설악은 에델바이스와 야생라일락으로 우리를 맞이하고 있다. 재작년 천화대에서는 에델바이스가, 그리고 작년 울산바위에서는 정향나무가 나를 위로해 주었다. 오늘 라일락 향기가 내 코를 건들일 때 새삼 설악이 그리워진다. 울산바위에서의 그 정향나무가 나를 기다리고 있는 듯하다.

가을의 행복(해바라기 씨에서 느끼는 작은 행복)

작년 가을 중국 출장 시 해바라기 씨를 한 봉지 사왔다. 중국에서 해바라기 씨는 간식거리로 널리 애용되고 있어서 대형할인마트 등에서 쉽게 살 수 있다. 큰 봉지 용량이 적지 않았음에도 가격은 쌌다. 부피가 제법 컸으나 남은 현지 화 잔돈을 없앨 요량으로 사보았다.

귀국 후 해바라기 씨를 풀어 놓았지만 좀체 없어지지 않았다. 간간히 까먹기는 하지만 일일이 까 봐야 먹을 게 별로 없어선지 가족들이 열심히 먹을 생각을 않는다. 나도 눈에 띄는 대로 까먹었지만 아무리 먹어도 껍질만 수북하고 먹은 것 같지도 않고, 봉지 속의 해바라기 씨는 그대로인 듯 했다.

오늘 간만에 집에서 이것저것 잔일들을 처리하다가 잠을 놓쳤다. 초저녁에 깜박 잠이 든 탓도 있으리라. 어느새 새벽 1시. 월요일 아침이면 회의가 있어 일찍 잠을 자야하는데, 잠을 놓쳐 잠을 청할 요량으로 맥주 한 병을 땄다. 안주 거리를 찾다가 해바라기 씨가 눈에 띄길레 한 사발 담아왔다. 그런데 한참을 까먹어도 역시나 껍질만 수북이 쌓인 채 사발에 든 해바라기 씨는 그대로 남아 있는 것 같고, 먹은 것 같은 느낌도 들지 않았다. 감질이 나서 냉장고를 뒤져 마른 멸치를 한 봉지 가져 왔다. 멸치는 내가 가장 좋아하는 맥주 안주 중 하나이다. 멸치를 가져와 먹으니 맥주가 금방 떨어졌다. 그런데 멸치와 해바라기 씨를 번갈아 까먹다 보니 먹는데 이력이 나서인지, 이번에는 술이 부족했다. 정신은 아직 말짱한 채였다.

다시 이곳저곳을 뒤지니 휴대용 소주가 눈에 띈다. 그것을 가져와 컵에 따르니 딱 한잔이다. 이것만 마시고 자자는 생각에 홀짝 홀짝 마시고, 또 멸치와 해바라기 씨를 까먹었다. 이제 쟁반 위에는 멸치 대가리와 해바라기 씨가 뒤섞여 수북했다. 휴대용 소주는 양이 얼마 안 되어 금방 없어진다. 한데, 원래 잠을 청하기 위해 간단히 한 잔 하기로 한 것이 멸치와 해바라기 씨 까먹느라 술잔 비우는 빈도에 점점 가속도가 붙기 시작했다. 먹던 그 맛을 그만 둘 수가 없어 다시 이곳저곳을 뒤지니 작년에 담궈 두었던 복분자술이 눈에 띈다. 그래 저것 조금만 더 마시자. 복분자술을 큰 컵에 따라 다시 멸치와 해바라기 씨를 번갈아 까먹었다. 그리고 시계를 보니 어느새 세시 가까이 된다. 아… 월요일 아침 회의가 있는데, 정신은 더 멀쩡해 진다. 문득 삶에 대한 회의가 든다. 그래 삶이란 게 뭣이냐. 이렇게 느긋하게, 술 한 잔 하면서 해바라기 씨라도 까먹으며 여유를 부리는 게 행복이 아닌가? 비록 작은 행복이지만 작은 행복이 쌓여서 큰 행복이 되는 것이거늘… 너무 회의에 매몰되지 말자는 생각이 들었다.

잘 피우지 않는 담배지만 비상용으로 꼬불쳐 둔 담배를 찾아냈다. 한 모금 불을 붙였다. 심야에 내 뿜는 담배연기가 실내에 퍼졌다. 사무실에서 그렇게 담배를 피우지 마라고해도 끈질기게 피워대는 젊은 직원들이 안쓰럽게 느껴졌다. 담배란 것도 이렇게 가끔씩 피워보면 그 맛이 배가 되는 것을… 그렇게 목숨 걸고 피워야 하는가?(한겨울 추울 때 1층 밖으로 나가 굳이 피워대는 것을 보고 혀를 찬 적이 한두 번이 아니다)

삶의 행복은 어디에서 오는가? 성취감, 그렇다. 그것을 위해서 우리는 매진한다. 그러나 얼마큼이나 성취를 해야 기쁨을 느낄 수 있겠는가? 성취의 기쁨은 얼마만큼 자주 오는가? 성취감은 어디서나 적용되는 만고의 진리임에는 분명하지만, 그 행복의 정도는 성취감의 크기와 시간에 비례하지 않는다. 성취를 위해 많은 노력과 많은 시간을 투자하지만 성취 후에 느끼는 행복감은 일순간에 불과하지 않는가? 그 행복감이 길다고 하더라도 애당초 투자한 그것에 비례하지 만은 않을 것이다. 그것보다 차라리 진정한 행복감은 이러한 사소한 것에서 더 자주 느낄 수 있지 않을까? 비록 그 절대 크기는 작다 하더라도 작은 행복을 자주 느낌으로서 총체적인 행복감은 더 크지 않을까? 설사 그 절대적인 크기를 계량, 비교할 수 없다하더라도 자주 행복감을 느끼는데 더 큰 평점을 주어야 하지 않을까? 일생의 성취를 위해 노력했던 영웅위인들보다 매일의 삶 속에서 행복감을 느끼는 것이 훨씬 더 인간적이지 않을까?

해바라기 씨가 쟁반에 수북이 쌓인 이 순간 창밖에 달은 왜 이리 아름답게 보이는가? 한 모금 담배연기가 왜 이리 향기로운가? 시계가 세 시를 넘어가지만 내일 아침 회의가 왜 이리 우습게 느껴지는가? 만인이 잠들은 이 순간, 홀로 해바라기 씨와 멸치를 먹는 행복감에 가을밤은 더욱 아름답게 느껴진다.

겨울의 행복(겨울 여자를 그리며)

이제 찬바람이 불기 시작했다. 마음이 설렌다. 왜냐고? 나는 겨울 여자를 그리기 때문이다. 처음에는 그 사실을 몰랐다. 그런데 요즘 가만히 생각해 보니 정말 그런 것 같다. 나는 겨울체질인 모양이다.

내가 J양을 만난 것은 열여덟 살이었던 고교 2학년 겨울방학 때였다. 한창 입시준비에 바빠야 할 때였지만 우리는 쉽게 마음이 이끌렸다. 별로 주변머리가 없는 나였지만 그녀는 정말 마음이 편했다. 이후 그녀가 이사를 가면서 헤어졌다.

대학에 들어가서 변변한 여자 친구 하나 사귀지 못하다가 P양을 만난 것은 3학년 겨울방학 때 서클 연합수련회 가서였다. P양은 회원이 아니었으나 친구 따라 왔는데, 활달한 성격이 좋았다. 수련회 장소는 대구 팔공산자락에 있는 은해사 절 밑의 여관으로서 방을 몇 개 잡아 놓고 강독, 독서발표회, 시국토론 등 많은 프로그램을 소화했다. 그리고 술도 마시고 연극연습도 하고 며칠간 빡빡한 일정이었지만 상당히 보람찬 시간을 보낼 수 있었다. 무엇보다 기쁜 것은 P양을 만난 것이었다. 유신 말기라서 이념적 토론이나 강론이 이어져 상당히 긴장되고 위험한 수련회였으나 간간히 눈싸움도 하고 얼음지치기도 하여 즐겁게 시간을 보낼 수 있었다. 부산으로 돌아온 우리는 둘만의 만남이 이루어지기 시작했다. 드디어 여자 친구가 생긴 것이다.

1년 반이 지난 다음해 5월, 내가 군대에 가면서 그녀와의 관계는 끝이 났다. 늦봄이었지만 훈련소의 날씨는 무척 더웠다. 더위 때문에 엄청나게 고생을 했다. 날씨보다도 그녀와 헤어진다는 슬픈 사실에 더 더웠던 것 같다. 훈련소에 있을 때 광주민주화운동이 일어났다. 그 사실을 모르던 우리는 전쟁이 난 줄 알았다. 전쟁이 나면 훈련병들을 총알받이로 먼저 내 보낸다는 흉흉한 소문이 돌기 시작했다. 나는 차라리 전쟁터라도 갔으면 하는 생각이 들었다. 그러나 그런 일은 없었다. 다만 하사관(요즘의 부사관)들에게 엄청난 보복과 기합을 받았다. 대학 다니다 왔다는 이유만으로…

1980년대 사회생활을 위해 서울로 왔다. 직장동료들과 무진장 술을 마셨다. 새로운 친구들을 많이 사귀었으나 여자복은 없었다. 아니 사귈 주변머리가 없었는지 몰랐다. 친구들도 모두 범생이들만 사귀었다. 여자에 관심이 없는 듯 했다. 하지만 나는 무척 관심이 많았다. 1984년 늦은 가을이었다. 부산에 출장 가서 K양을 만났다. 친구들과 서면에서 술을 마셨는데, 길거리에서 만났다. 행운이었다. 그 때부터 6개월간 휴일이면 자주 부산에 갔다. 편지도 많이 주고받았다. 그러나 인연이 길지 못했다. 여름이 되자 그녀는 내 곁을 떠나갔다.

1986년 9월 친구 소개로 아내를 만났다. 겨울이 되자 결혼을 했다. 너무 서둔 것 같았지만 날씨 탓에 서둘지 않을 수 없었다. 겨울이 체질인 모양이었다. 결혼 후 20년. 착실하게 살았다. 술과 산을 좋아했다. 주중이면 술을 마시고 주말이면 산을 갔다. 여자를 잊었다. 아니

표면화시킬 수가 없었다. 애인이 없으면 6급 장애인이라는 말들을 했다. 하지만 친구들은 모두 건전했다. 여전히 범생이 친구들만 사귀었다. 골프를 치는 친구도 있었지만 흥미가 없었다. 사교를 할 만큼 사업을 하는 것도 아니었기 때문이었다. 운동도 되지 않았다. 오히려 산에 가서 술 마시고 마음껏 행동하는 것이 좋았다. 그러다가 기회가 왔다.

P녀를 만났다. 친구들과 함께 어울리면서 만났지만 그녀는 술과 문학을 좋아했다. 많은 대화와 함께 어울렸지만 친구 이상도 이하도 아니었다. 나는 애인이 되어줬으면 했으나 그녀는 친구로 남길 원했다. 2년 여를 친구로 사귀었지만 더 이상 진전은 없었다. 나는 그 정도에 머무는 그녀가 진절머리가 났다. 진정한 친구, 그렇다고 애인도 될 수 없는 어정쩡한 상태가 싫었던 것이다. 나는 그녀에게 물었다. 왜 나를 사랑하지 않느냐고? 그녀는 나를 사랑한다고 했다. 하지만 더 이상의 것은 원하지 말라고 했다. 도덕적으로 용납되지 않는다고 했다. 나는 그녀의 도덕적인 그런 생각은 위선이라고 했다. 사랑하면 되었지, 왜 마음을 열지 않느냐고 강변했다. 그녀를 만난 지 3년이 되던 해 여름. 그녀를 잊기로 했다.

이제 다시 찬바람이 불기 시작한다. 나는 이제 알았다. 내 생일이 가을이라는 것을… 그리고 나는 겨울여자가 체질에 맞다는 것을. 그러나 나는 여름에도 줄창 여자를 생각한다. 나를 사랑해 줄 여자를… 아니 내가 사랑해야 할 여자를… 이제 다시 찬바람이 분다. 올 겨울에는 서로 사랑할 수 있는 여자를 만날 수 있을까? 길거리에서, 지하철에서 수많은 여자들을 쳐다보며 왜 나는 뜨겁게 사랑할 수 있는 여자가 없을까 생각해 본다. 그것은 순전히 날씨 때문이다. 올 가을은 여름같이 너무 뜨거웠기 때문이다. 그러던 중 이제 찬바람이 불기 시작한다. 그래서 나는 희망을 갖는다. 계속 이런 날이 이어졌으면…

남녘 땅 아름다운 다리를 찾아서

한 열흘 전쯤, 봄이 오는 길목에서 남해안을 돌아보았다. 업무상 일을 핑계한 것이었지만, 사실은 남해안을 구석구석 돌아보고 싶어졌기 때문이다. 공식 업무는 통영과 여수에서 이루어진다. 따라서 통영에서 여수 사이를 어떤 코스로 도느냐에 따라 남해안 여행을 좌우한다. 가장 손쉽게 다녀오는 코스는 통영에서 사천으로 나와 남해안고속도로를 이용하다가 순천에서 빠져나와 17번 국도로 가면 여수까지 두 시간 반 정도면 갈 수 있다. 하지만 그런 평범한 길은 싫다. 나만의 코스로 나만의 볼 것을 찾고 싶었다.

그런 고민 끝에 내린 결론이 남해안의 절경 다리를 찾아가는 것. 그 첫 번째 관문이 최근 세워진 삼천포대교이다. 삼천포대교는 삼천포와 남해군 창선도를 연결한 다리. 최근에 세워진 만큼 최신식 공법에 의해 아름다운 아치형으로 만들어졌다한다. 통영에서 삼천포로 가기 위해서는 사천시를 돌아 갈 수도 있으나 좀 더 바닷가를 가까이 하고 싶다는 생각(사실은 그것보다 아기자기한, 그리고 낯선 지방도를 달리고 싶다는 생각이 더 깊게 깔려 있었다)에 공룡발자국 공원이 있는 왼쪽 지방도로를 따라 달리기로 하였다. 시속 80Km로 달리던 길을 버리고 꼬불꼬불한 지방도로로 들어섰다. 비록 포장은 되어 있었지만 다니는 차들이 너무 뜸하였다. 주유소가 하나 있기에 들러 주인을 찾았으나 아무도 없었다. 다니는 차들이 너무 없다 보니 주인이 자리를 비운 모양이다. 아까부터 계기판에서 기름 부족 사인이 들어왔기 때문에 주유를 해야 하는데 난감했다. 몇 번을 불러 보다가 할 수 없이 다시 길을 떠났다. 마치 갑자기 60년대로 되돌아 간 듯한 느깜이 들었다.

삼천포대교는 삼천포시의 서쪽에 위치하고 있다. 다리 건너는 남해군 창선면. 창선도는 면단위인 만큼 적지 않는 섬이다. 창선도 너머에는 남해 본도가 있고 그 너머에는 전남 여수와 마주하고 있다. 남해는 육로로는 남해대교가 40여 년 전인 1973년에 건설되었지만 진주나 삼천포와는 여전히 멀기 때문에 경상남도이면서도 여수생활권에 더 가까웠다. 이런 점에서 삼천포대교 건설은 남해사람들에게 매우 중요한 역할을 한다 할 수 있다.

삼천포대교는 최근에 건설된 만큼 그 풍경이 무척 세련되어 보였다. 아직은 다니는 차도 많지 않아 더욱 고즈넉한 분위기를 풍기고 있었다. 다리 위에 서니, 봄의 길목에 있다는 남도였지만 아직은 겨울 끝의 바람이 매서웠다. 삼천포대교는 창선도와의 거리 때문에 바로 연결되지 못하고 중간에 있는 늑도라는 작은 섬을 지나 있었다. 따라서 삼천포와 늑도, 늑도와 창선도가 연결되기 때문에 사실은 두 개의 다리에 의해 연결이 되어 있었다.

늑도로 건너가 보았다. 늑도는 삼천포와 창선도의 가운데 있는 섬으로서 그림 같은 어촌마을이 자리하고 있었다. 늑도 어항은 남해 본도를 그리운 듯 바라보면서 아직은 추운 겨울바람에 조용히 누워 있었다. 늑도와 창선본도를 연결하는 늑도대교는 이름과는 달리 다소 곳한 자태가 삼천포대교보다 더 인상적이었다. 삼천포대교와 동시에 건설되었기 때문에 비슷한 모양을 지니고 있으면서도 한결 더 아담한 모양이 눈길을 끌고 있다. 늑도대교 끝에는 늑도 관광단지가 자리하고 있다. 삼천포대교와 늑도대교가 관광객을 끌어 모으기 때문에 그에 착안하여 관광단지를 개발하였던 것이다. 하지만 옅은 눈발이 날리는 겨울 끝자락이어서 그런지 아직은 한산했다. 멀리 삼천포화력발전소의 아스라한 굴뚝조차도 한적함을 더하여 주었다.

늑도대교를 지나면 창선도를 일주하는 도로와 만난다. 창선대교는 늑도대교 반대쪽에 있기 때문에 이 일주도로를 어느 쪽으로 돌아도 창선대교와 만난다. 나는 왼쪽 길을 택했다. 오래지 않아 창선대교가 나타났다. 창선대교는 성수대교와 마찬가지로 다리 붕괴로 유명하다. 성수대교만큼 큰 파장은 일으키지 않았지만 중앙지 사회면에 크게 소개가 될 정도로 붕괴사건이 큰 관심을 끌었다. 이런 곡절 끝에 건설된 다리이기에 나는 큰 기대를 하고 있었으나 의외로 다리는 볼품이 없었다. 그래도 강이 아닌, 바다를 가르는 다리이고, 붕괴사건으로 사회적으로 이목이 집중된 다리이기에 좀 심혈을 기울여서 만들었겠거니, 했는데 너무 볼품이 없었다. 실망이 이만 저만이 아니었다. 튼튼함이야 기본이겠지만 이왕에 만들 것. 좀 더 예술적인 감각을 살릴 수 없을까 하는 아쉬움이 들었다. 창선대교는 실망이 큰 만큼 얼른 지나쳐 버렸다. 차에서 내리기도 싫었다.

바람은 쌀쌀했지만 남해는 역시 남쪽 섬이었다. 밭에는 이미 봄의 냄새가 물씬 풍겼다. 길옆의 마늘 밭에는 마늘 싹이 힘차게 파란 잎을 뻗고 있었다. 남해는 제주, 고흥 등과 더불어 이름난 조생마늘 재배지이다.

남해읍 못 미쳐서 서면 쪽으로 방향을 틀었다. 서면 서상리에 가면 여수 가는 배가 있기 때문이다. 확신은 없었지만 혹시 페리호가 아닐까 싶은 생각이 들어서이다. 갔더니 역시 페리호는 아니었다. 얼마 전까지는 페리호였으나 지금은 여객만 실어 나른단다. 실망과 기대가 교차했다. 실망의 이유는 눈앞이 여수여서 뱃길로 넉넉잡아 30분이면 갈 길을 다시 남해대교로 나가 고속도로로 돌아가면 두 시간이 넘게 걸리기 때문이다. 여태까지 왔던 시간들이 물거품이 될 판이다. 하지만 기대가 된다는 것은 이왕 이렇게 된 것, 남해군을 돌아 남해대교까지 마저 볼 수 있다는 생각이 들었기 때문이다. 시간이 부족하여 얼른 차를 돌렸다. 하지만 다시 되돌아 갈 필요는 없다. 남해 서해안을 도는 도로가 있기 때문이다. 이 도로를 타면 줄곧 여천만을 내려다 볼 수 있다. 이 도로는 상당히 높은 산허리를 끼고 돌기 때문에 멀리 여수와 광양 항이 파노라마처럼 펼쳐져 있는 기막힌 경치를 구경할 수 있다. 나는 이미 30여 년 전에 이 도로를 달린 적이 있다. 그 때는 물론 비포장도로였다. 지독한 돌길이었던 이 길을 먼지를 덮어 쓰면서 하루에 서,너 차례 있는 버스를 타고 친구를 찾아갔던 것이다. 그 친구의 고향이 그 도로변에 있었다. 1977년 겨울, 우리는 남해의 그 어촌에서 열흘 이상 뒹굴며 지냈다. 시골학교 교감이었던 부친의 호방함에 우리는 마을을 휘저으며 청춘을 구가하였다.

30여 년 만에 다시 달려보는 그 마을은 내 상상 속의 그 곳이 아니었다. 친구의 양친들도 모두 돌아가셨거니와 우리가 뛰놀던 어촌마을은 많이 낯선 모습이었다. 그 뿐이 아니다. 여천만 자체가 옛날의 여천만이 아니었다. 한적하기만 하던 만의 모습은 이제 거대한 산업기지로 변해 있었다. 광양 항과 여천산업단지의 그로테스크한 광경은 나를 압도하기에 충분하였다. 만의 곳곳에 떠 있는 수십만 톤의 유조선과 거대한 화물선의 모습은 격세지감. 아니 이 네 마디의 말로도 얼른 이해가 가지 않는 그런 모습이었다. 그런 가운데서도 변하지 않는 것이 있었으니 그것은 바로 짙푸른 겨울 바다의 모습이었다. 싸파이어 빛! 바로 그 바다였던 것이다. 그 색감마저 가슴에 와 닿지 않았던들 전혀 낯선 지방을 여행하고 있다는 삭막한 감정에 견딜 수가 없었을 것이다.

그 길이 끝나는 곳에 남해대교가 있다. 한때 남해대교는 대단한 관광지였다. 그 자체가 남해안 여행의 중심테마가 될 정도로 관광성이 높았으나 어느 틈엔가 많은 사람들의 뇌리에서 사라져 버렸다. 1977년 그 겨울, 남해대교를 배경으로 찍은 사진 몇 장은 오랫동안 내 삶의 중요한 기록 중의 하나가 되었다. 어머니께서 나의 대학 입학 기념으로 맞추어주신 감색 양복을 단정하게 입고 남해대교를 배경으로 찍었던 몇 장의 사진들. 어머님은 그 사진을 사진틀에 꽂아 두시기도 하셨지…

남해대교는 쇠락한 느낌을 지울 수 없었지만, 그 위용은 여전했다. 우리나라 최초의 현수교. 남해대교 위에 서면 그 높이와 다리 밑을 흐르는 물살의 위용에 압도당하고 만다. 이 빠른 물살을 이용하여 그 옛날 이순신 장군은 노량대첩을 이루어 내었다. 날렵한 남해대교를 건너면 하동군 노량이다. 노량은 남해노량과 하동노량이 있다. 그래서 노량이라고 할 때는 분명히 이야기해야 한다. 남해사람과 하동사람은 서로 경쟁의식이 있기 때문이다. 그 하동 노량에는 또 다른 친구가 있다. 지금 부산에 살고 있는 그 친구는 업무상 알게 된 사이이지만, 지금도 고향친구 이상으로 친하게 지내고 있다.

지금까지 네 개의 다리를 지나왔다. 이제는 뒤도 돌아보지 말고 여수로 달려야 한다. 시간이 상당히 지났기 때문이다. 오후 늦게 약속시간에 맞추어 가야 하는 것이다. 노량을 지나 하동 인터체인지에서 남해고속도로에 올랐다. 그리고 얼마지 않아 섬진강이 나타났다. 여기도 다리임에는 틀림없으나 멈출 수도 없을 뿐 아니라 감상할 아무런 의미도 없기 때문에 다리기행의 대상에서는 제외한다. 그것보다 더 중요한 것은 그 옆에 있는 섬진강 휴게소이다. 거기서 늦은 점심을 맛있게 먹었다. 그 동안 시장기에 허기가 졌지만 겨우 참고 있었기 때문이다. 섬진강 휴게소에는 특별히 재첩국밥을 판다. 재첩국이 섬진강의 특산물이기 때문에 고속도로 휴게소에서도 그것을 판다. 그 곳을 지나시는 주당께서는 필히 한 그릇 시식해 보시라. 맛이 그런 대로 괜찮다고 생각한다. 신속히 식사를 하고 섬진강 휴게소를 나섰건만, 순천 조금 못 미쳐서 갑자기 폭설이 내리기 시작했다. 삼천포대교를 지날 때부터 간간이 눈발이 날릴 때도 있었지만 여기서는 갑자기 폭설로 변했다. 고속도로를 빠져 나와 순천시가지를 지날 때는 10m 앞이 보이지 않았다. 마음이 초조해지기 시작했다. 일도 일이지만 봐야 할 다리가 또 있었기 때문이다.

다행히 순천을 지나자 눈발이 거짓말처럼 그치기 시작했다. 그리고 햇빛조차 비치기 시작했다. 그래서 부지런히 엑셀레이터를 밟은 탓으로 약속시간을 지나지 않고 여수에 도착할 수 있었다. 말 타면 견마 잡히고 싶은 것일까? 약속보다 다리를 볼 수 있다는데 더 안도했다. 그래서 미안하지만 전화로 한 시간 정도 양해를 구해 놓고 마지막 다리 관광에 나섰다. 어두워지면 충분히 볼 수 없기 때문이었다. 그곳은 바로 돌산대교. 돌산대교는 여태까지 본 다리와는 또 다른 공법으로 건설된 다리이다. 여수시와 돌산도를 연결한 도로로서 그림 같은 여수시를 배경으로 아름다운 자태를 뽐내고 있다. 돌산대교를 건너 보았다. 돌산도의 끝에는 그림 같은 향일암이 있지만, 그 곳까지 갈 수는 없다. 여수에서 일을 봐야 하기 때문이다. 할 수 없이 다시 돌산대교를 되짚어 나와 아담한 까페 정원에 차를 세웠다. 사진을 찍기 위함이었다. 갑자기 그 까페에서 와인이라도 한잔하고 싶었다. 돌산대교를 한없이 바라보면서… 그리고 하루의 다리 여정이 주마등처럼 스쳐갔다. 아름다운 남해의 풍광과 함께 다도해 곳곳에서 펼쳐져 있는 각양의 다리모습을 상기하면서…

여러분! 저와 함께 그 그림 같은 하얀 벽의 카페에서 와인을 마시면서 돌산대교와 여수항을 구경하시지 않으렵니까?

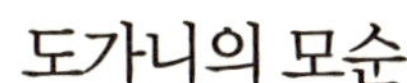

도가니의 모순

요즘 T.V에서 역사를 배경으로 한 드라마가 많이 방송이 되고 있다. 인기리에 방송되고 있는 "뿌리 깊은 나무"는 역사를 배경으로 했으나 사실적인 내용과는 거리가 멀다. 정도전이 밀본이란 밀서를 남기지고 않았고 세종이 태종에게 반항하는 장면이라든지 모든 내용이 사실과는 거리가 멀다. 얼마 전 종용된 "공주의 남자"도 그렇다. 수양대군이 김종서에게 사돈을 맺자고 하는 장면이라든지, 수양대군 딸과 김종서의 아들이 사랑을 나누는 장면, 신숙주의 아들과 삼각관계라든지, 모든 내용이 사실과는 거리가 멀다. 그러함에도 인기리에 방송이 됐고 또 인기리에 방송이 되고 있다.

물론 역사의 드라마를 사실적으로 표현한다고 해도 사실과 같을 수는 없다. 그 시대에 살지도 않았고 또 살았다고 해도 사실과 똑같게 표현할 수는 없는 것이다. 드라마도 그렇고 소설도 그렇고 또 영화도 그렇다. 세계적인 베스트셀러 삼국지도 중국역사의 배경으로 쓰여진 소설이지만 소설은 소설이지 사실과는 다르다. 드라마 또는 소설을 보는 사람으로 하여금 흥미롭게 엮다보니 없는 사실을 넣고 있는

· 1957년 충북 출생
· 현 충주 거주
· 대한사이버문학회 동인
· e-mail : idongsoo5@hanmail.net

사실을 또 빼고 또는 아주 전혀 다르게 꾸밀 수도 있는 것이다. 이것이 소설이며 드라마이고 또 영화이기도 하다.

얼마 전 도가니란 영화가 사회의 큰 파장을 일으켰다. 광주에 있는 인화학교를 배경으로 쓴 사실적인 내용을 소설로 쓰고 또 영화로 만들어진 것이다. 그 영화를 보고 얼마나 많은 사람들이 화가 났으면 도가니법이 만들어졌을까?

그러나 그 영화 또한 사실을 배경으로 했다고 해도 사실과는 다를 것이다. 그 글을 쓴 사람은 기사를 쓴 기자가 아니고 소설을 쓴 작가였다. 사실 내용을 기록하는 기자도 사실과 다르게 써서 물의를 일으키는데 소설을 쓰는 사람에게 사실을 기대하면 안 된다. 실화를 바탕으로 쓴 소설이라도 소설은 소설일 뿐 사실과 다르다. 영화 또한 또 한 번 더 걸렀으니 사실과 더욱 다르다고 하겠다. 그 소설을 쓴 작가는 읽는 사람으로 하여금 흥미를 끌기 위해 사실보다 더 사실적으로 더 참혹하게 썼을 것이다. 그 소설을 보고 영화를 만든 사람 또한 흥미를 끌기 위해 소설보다 더 자극적으로 만들어졌을 것이다. 그러니 그 영화를 보고 사실로 받아들인 관객들의 반응은 얼마나 흥분하고 분노를 했을까? 그리고 그 영화의 배경이 된 학교와 책임자들을 얼마나 미워했을까? 아마 죽이고 싶을 정도로 미웠을 것이다. 또 그토록 내버려 둔 공무원, 정치인들까지 싸잡아 분노는 폭발했다. 그제서 잘못된 것을 알고 부랴부랴 수습하기에 이른다.

그러나 그 사건은 이미 5년 전에 종결되고 사회에서도 이미 잊혀진 사건이었다. 그 때는 강 건너 불구경하듯 하다가 영화 한 편을 보고 5년 뒤에 감정이 폭발하다니 이 사회도 아이러니 하다. 허긴, 그 때 그 사건은 매스컴에서 크게 다루지 않았다. 신문 한귀퉁이에 작게 실리고 방송뉴스에도 스쳐지나 듯 다뤘으니 현재 영화를 보고 흥분한 사람들도 그 때는 무관심하게 그냥 스쳐 지나갔다.

그 한 편의 영화가 아니었다면 아무 일 없다는 듯 그냥 스쳐지나가는 수많은 사건 중 하나였다. 한 편 소설로 시작된 영화로 인해 잘못된 것을 바로 잡을 수 있다는 것은 늦었지만 다행스럽고 고마운 일이다.

그러나 빛이 있으면 그림자가 있다. 그 영화로 인해 선의에 피해자도 생겨났다. 순수한 마음으로 봉사하는 의로운 사람까지 의심을 받게 된 것이다.

얼마 전 도가니 작가가 T.V에 나왔을 때 난 이런 말을 할 줄 알았다. 도가니 소설로 인하여 본의 아니게 피해를 입은 수많은 선의의 봉사자들에게 미안하다. 이 말부터 꺼내고 다른 말이 이어질 줄 알았다. 그러나 기대는 실망이었다. 소설의 내용이 모두 사실인 듯 아니, 그보다 더했다는 것이었다. 더 참혹한 사건이 있었는데 그것은 너무 참혹해 소설로 쓸 수가 없었다는 것이다. 그러니까 소설보다, 영화보다, 실제는 더 참혹했다는 것이다. 지금도 그 재단에 그 교사들은 그대로 있고 그 때 그 공무원들도 그대로 있으니 처벌했으면 좋겠다는 내용이었다.

물론 못된 사람들은 불의를 저지른 정당한 대가를 받아야 한다. 그렇지만 그 소설과 영화로 인하여 선의에 피해자가 된 수 많은 봉사자들에겐 한 마디 언급도 없었다. 그 소설 내용과는 달리 이 사회에는 아무 바람 없이 물질적이든 마음적이든 어려운 사람들 돕는 사람들이 수없이 많다. 도가니 영화에 나오는 악당은 소수에 불과하다. 모든 복지시설이 인화학교와 같다면 이 세상에 수많은 약자들은 누구의 도움을 받고 산단 말인가? 소수의 악당을 크게 비추다 보니 수많은 선량한 봉사자들은 그 악당의 그림자가 된 것이다. 그 영화로 인하여 모든 복지재단을 재검열한다고 하고 수선을 떠니 수많은 봉사자들까지 선의를 빙자한 악당이 아닌가, 의심의 눈초리로 바라보는 것만 같아 복지시설에 봉사활동은 가기도 껄끄럽게 되었다.

우리나라 사람들은 다른 나라 사람들 보다 의협심이 강하다고 한다. 물에 빠진 사람이나 지하철로에 누가 떨어지면 나약한 여성도 뛰어들어 위기에 빠진 사람을 구하려 하고 또 모든 사람이 협심해 위기에 빠진 사람을 구하기도 한다. 이렇게 의협심으로 펄펄 끓는 봉사자들에게 도가니란 영화는 뜨거운 쇳물을 분 것이 아니라, 차가운 물을 끼얹은 것이다.

얼마 전 일이다. 날씨가 추워져 보일러 수리 문의가 왔다. 조립식 주택에서 두 자매가 살고 있는 단칸방 주택이었다. 하나는 초등학교 5학년 그 언니 중학교 2학년, 엄마 아빠 없이 가까운 친척들의 보살핌으로 근근이 살아가는 소녀 자매였다. 예전부터 이 아이들에게는 아무것도 바라지 않고 무료봉사를 해 왔다. 이 집 뿐만 아니라 어렵게 사는 독거노인들에게도 아무 대가도 바라지 않는다. 그런데 도가니 사건이 터지고 왠지 껄끄러워졌다. 아무것도 바라지 않고 무료봉사를 하면 도가니의 악당처럼 뭔가 나쁜 대가를 노린 것으로 오해를 받지 않을까 두려웠던 것이다.

수리가 끝나자, 큰 아이가 형식적인 말, 얼마에요? 묻는 말에 3만원 입니다. 이렇게 대답한 것이다. 예전처럼 "아니다, 됐다!" 이 말을 예상했던 자매들을 당혹스러워 하며 부랴부랴 천 원짜리 몇 장과 만 원짜리 한 장, 동전까지 합쳐 간신히 3만원을 만들어 내 앞에 손을 내밀었다.

수고하셨습니다! 어린 애들의 인사를 뒤로 하고 집을 나서는 내 발걸음이 무거웠다. 어쩌다 내가 이렇게 변해야 하는지 이 사회도 원망스럽고 내 자신도 미웠다. 차 문을 닫고 한참을 생각했다. 아무리 의심 많고 각박한 세상이라고 해도 나마저 이러면 안 되지 않는가? 그 아이들에게는 삼만 원이 전 재산이었다. 동전까지 세어서 간신히 삼만 원을 만드는 것을 보지 않았는가? 이건 사람이 할 짓이 아니었다. 누가 어떻게 보든 아닌 것은 아니었다. 다시 마음을 잡고 차문을 열고 나와 그 집으로 향했다. 아이들은 내가 돌아오자 깜짝 놀라며 나를 반겼다.

"연장 두고 가셨어요?"

난 웃으며 아이들에게 삼만 원을 도로 건넸다. 그리고 신신당부를 했다. 누가 물으면 무료 봉사 받았다는 말은 절대 하지 말라고 부탁했다. 쓸데없는 오해 받기 싫었기 때문이었다. 의심 받는 게 싫어서 불의가 아닌데도 숨겨야 하는 각박한 세상. 진정으로 얼굴 내 밀고 봉사하는 사람들을 얼마나 힘들까? 차라리 하지 않는 것이 편하다. 이러다가 순수한 봉사활동도 사라지는 각박한 세상이 오지 않을까 두렵기만 하다.

악몽

낚시를 끊은 지 꽤 오래 되었다. 예전엔 고기가 입질을 할 때 그 순간이 즐거웠고, 낚싯대를 잡아챘을 때 그 묵직한 손 맛 때문에 낚시를 즐겼다. 그런데 낚시가 내 취미에서 점점 멀어졌다. 이유는 낚시에 걸려 나오는 고기가 불쌍했기 때문이다. 살려고 발버둥치는 그 모습이 보기 싫어졌다. 그 중에 빠가사리는 '빠가빠가' 소리를 내며 고통을 호소한다.

얼마 전 큰 매형께서 잉어와 붕어를 잡았다고 가져가라고 해서 갔는데, 비닐 속에서 푸덕거리며 괴로워하는 잉어와 붕어가 불쌍해서 돌아오는 길에 차를 강가로 돌려 살려 주었다. 쾌재를 부르며 물속으로 달아나는 잉어와 붕어의 모습도 월척을 낚았을 때처럼 즐거웠다.

그랬던 내가 오늘은 고기를 잡는다고 낚시를 하고 있다. 그것도 출입금지 된 마당바위에서… 꽤 많은 시간이 흘렀는지 빠가사리 몇 마리와 송어도 한 마리 잡았다. 마당바위에서 하는 낚시는 받침대 놓고, 찌도 띄우고 하는 대낚시는 부적합하다. 출입금지 구역이기에 길 위에서 낚시하는 모습이 타인의 눈에 띄기 쉽기 때문이다. 낚시줄 끝에 추와 낚시 두개만 달고 던져 손으로 줄을 잡고 있다가 입질의 느낌이 오면 당기면 된다. 일명 떰벙낚시다. 멀리서 보면 그냥 앉아있는 모습이지 낚시하는 모습으로 보이진 않는다. 꼭꼭 숨어서 비밀 낚시를 하느라고 하는데, 인기척이 들린다.

"많이 잡았어요?"

그냥 들어왔는지, 나를 보고 들어왔는지, 분명 나를 보고 던지는 질문이다. 소리 나는 곳으로 고개를 돌리니 어린 딸의 손을 잡고 있는 젊은 부부가 눈에 들어왔다.

"잡기는 좀 잡았습니다만, 여기는 아무나 들어오면 안 돼요. 위험해요."

실제로 마당바위에는 매년 사람이 빠져죽는다고 소문이 난 곳이다. 내가 낚시하는 곳 바로 밑에는 수심이 깊어 수영을 못 하는 사람이면 빠지면 즉시 급류에 휩쓸린다. 젊은 부부는 위험한 곳이라는 것을 아는 듯 했다. 허긴, 들어오는 입구에 위험 표지판이 세 개나 설치되어있으니…

"그럼, 거기까지 안 갈 테니 고기망 좀 들어서 보여주세요."

그 부탁까지 거절할 이유는 없었다.

"그러지요 뭐~!"

하며 고기망을 물에서 꺼내어 번쩍 들어 올렸다. 젊은 부부에게 잘못 보였다간, 나가면서 신고라도 하면 기초질서 위반인가 뭔가로 딱지를 뗄 수 있기 때문에 고분고분 말을 들어 주는 게 편했다.

"와~ 고기다~!"

아빠의 손을 잡고 있던 소녀가 갑자기 아빠의 손을 뿌리치고 내게 달려왔다.

"오지 마, 위험해!"

순간이었다. 아이는 내 말을 무시하며 달려들었고 아이는 내 곁에 오기도 전에 물때에 미끄러져 물속으로 빨려들었다. 아이를 향해 힘껏 손을 뻗었지만 아이는 내 손에서 점점 멀어졌다.

"아아~!"

어찌할 바를 모르겠다. 난 수영을 한 기억도 십년이 훨씬 넘었다. 더구나 댐 아래의 물은 샘물처럼 차다. 장마 후의 황토 물은 유속도 빠르고 소용돌이치기에 매우 위험하다. 자칫 들어갔다가는 나도 생명을 보장 못 한다. 옛날 이곳에서 낚싯대를 끌고 가는 고기를 따라

갔다가 혼난 적이 있기에 더욱 망설이게 했다. 아이는 허우적거리는 모습을 지켜보며 어찌 할 바를 모르고 당황하고 있을 때 아이의 엄마가 달려와 내 팔을 잡으며 애원했다.

"아저씨, 내 딸 좀 살려 주세요… 네…? 어서요, 빨리요~!"

하며 발을 동동 굴렀다.

그러다 못 참겠다는 듯 물속으로 뛰어들었다. 아이는 물속으로 자취를 감추고 이번에 그 엄마가 허우적거리고 있다.

"아아~!"

절망감에 그대로 바닥에 주저앉았다. 그러자 이번엔 남편이 내 팔을 잡으며 애원했다.

"아저씨, 둘이나 빠졌어요. 얼른 구해주세요."

갑자기 일어난 현실이 너무도 혼란스러워 어떤 말을, 어떤 행동을 해야 할지 갈피를 못 잡았다.

"안됩니다. 다 죽어요. 들어가지 마세요. 구조 요청합시다."

"그럴 시간이 있습니까?"

순간, 나를 밀쳐내고 남편도 물속으로 뛰어들었다. 부인도 남편도 수영을 못 하는 사람들이었다. 아이의 모습은 사라지고 젊은 부부가 물속에서 허우적거린다. 어찌해야 하는가? 어찌해야 하는가? 머릿속이 하야지고 갈팡질팡 발을 동동 구르다 길가를 향해 큰 소리를 질렀다.

"사람 살려요~! 사람 살려요~!"

이렇게 아니다. 마당바위에서 길 가로 올라가 가는 차마다 막았다.

"사람 살려요, 사람이 물에 빠졌어요."

때 마침 경찰차가 눈앞에 나타났다. 경찰차를 양손 벌려 막아서고 마당바위를 가리키며 소리쳤다.

"사람 살려요, 사람이 셋이나 빠졌어요."

경찰은 내 모습을 보자 차에서 내리며 엄중한 목소리로 나를 꾸짖었다.

"여보세요, 여기는 출입금지구역입니다. 누가 함부로 들어가라고 했습니까, 표지판 안 보여요?"

순간, 화가 나 발을 구르고 손으로 강을 가리키며 큰소리로 따졌다.

"지금 그걸 따질 땝니까? 사람이 셋이나 빠졌다니까요."

경찰은 나의 조급함과 달리 느긋하기만 했다. 경찰 둘과 아래로 다시 내려 왔으나 세 사람의 모습은 보이지 않았다. 혹시 물살에 떠밀려 물가로 나오지 않았을까, 급히 아래로 내려갔으나 아무 모습도 보이지 않았다. 절망감에 터덜터덜 마당바위로 되돌아왔다. 내 모습을 물끄러미 지켜보기만 하던 경찰이 입을 열었다.

"진짜, 사람이 빠지긴 한 거유?"

기가 막혀 말도 하기 싫었다.

"아니었으면 얼마나 좋겠습니까…."

아무 생각 없이 물끄러미 웅덩이를 응시하고 있을 때 유난히 출렁거리는 나뭇가지에 걸린 옷이 수상스러웠다.

"저기 저게 뭐지요?"

누가 시키지도 않았는데 나와 경찰은 서둘러 그곳으로 향했다. 숲을 헤치고 아래에 내려가 나뭇가지에 걸린 옷을 확인하는 순간 행동이 빨라졌다. 맨 마지막에 몸을 던진 그 남자였기 때문이다. 서둘러 건져내자, 그 옆, 또 그 옆, 그 아내와 아이가 모두 함께 걸려 있었다. 모두 건져내 안전한 곳으로 옮긴 후, 하나씩 맡아 심장 맛사지 인공호흡을 했으나 싸늘하게 식은 시신은 아무 응답이 없었다. 너무 늦었기 때문이다. 방금 전에 살아있던 단란한 가족의 모습이 지금은 싸늘한 시신으로 누워있다. 현재의 이 상황을 받아들이기 힘들었다.

"아악~! 아아아~악!"

아무리 소리쳐도 분이 풀리지 않는다. 그렇게 큰 소리를 치며 일어났다. 주위가 캄캄하다. 멀리 작은 불빛이 보이고 창이 보인다. 나는 거실 쇼파에 앉아있다. 꿈이었다. 꿈이지만 얼마나 울부짖었는지 목이 메어있다. 눈 아래로 눈물이 흐르고 있다. 꿈속의 그 흐느낌은 가라앉지 않고 아직도 흐느끼고 있다. 너무나 현실 같았기 때문이다.

후회를 했다. 꿈인 줄 알았다면 진정 꿈인 줄 알았다면 물속에 뛰어들어도 나는 죽지 않았을 것이다. 아이가 빠졌을 때 서둘러 물속에 뛰어들었다면 분명 나는 죽지 않고 아이를 구했을 것이다. 현실이 아닌 꿈이기 때문이다. 그랬더라면 아이의 엄마도 아빠도 물속에 뛰어들지 않았을 테고, 아이의 옷만 젖었지 단란한 가정은 유지 됐을 것이다. 그랬더라면 소중한 가정은 지킬 수 있었을 텐데, 한 순간의 소심함이 한 가정을 파멸시켰다. 밥을 먹는지 마는지, 일을 하는지 마는지, 그 날은 악몽의 회한으로 하루가 저물었다.

저녁이 되었다. 술이 한잔 생각나는 시간이다. 악몽의 괴로움을 떨쳐 내려면 술을 한잔 해야겠다. 친구를 불러내어 현재의 괴로움을 토로하며 꿈 이야기를 했다.

"그 때 있지, 꿈인 줄 알았다면 물속에 뛰어들어 그 아이를 구했을 텐데, 꿈이지만 너무 후회가 돼. 그래서 괴로워~!"

친구는 대수롭지 않다는 듯 피식 웃으면 말했다.

"얌마~! 니가 어떤 놈인데, 그 상황에 구경만 하겠니? 그 상황이 현실이라면 넌 주저하지 않고 뛰어들었을 거야, 꿈이니까 주저한 거지…."

그 말을 듣는 순간, 깜깜한 어둠에서 불빛을 본 듯 세상이 갑자기 밝아졌다.

"그래, 그렇지? 난 그런 놈이 아니지? 그 상황이 현실이라면 난 주저 없이 물에 뛰어들었을 거야, 그게 정답이다."

친구의 말 한마디가 지옥에서 천당으로, 악몽에서 현실로 나를 구조해 주었다.

그랬다. 양심에 손을 대고 맹세하라면 할 수 있다. 꿈속에서 행동처럼 그렇게 소심한 나는 아니다. 물이 아무리 차고 유속이 빠르고 위험하다고 해도 밖에서 손만 내밀지 않았을 것이다. 그 상황이 현실이라면 친구 말 대로 나는 주저 없이 물로 뛰어들었을 것이다.

그런데 꿈속의 나는 왜 그렇게 나약하고 소심했을까? 그냥 뛰어들어 아이를 안고 나오면 되는데 왜 바위에서 손만 내밀었을까? 곰곰이 생각해 보면 꿈속에 나는 비겁할 때가 꽤 많이 있었다. 불이 났으면 얼른 꺼야 정상인데 모든 것 팽개치고 불속에서 빠져나와 나만 살겠다고 도망치고 있다. 귀신이나 맹수가 나타나면 당당하게 맞서 싸워야 하는데 싸울 생각은 전혀 하지 않고 도망가고 있다. 어떤 때는 하늘을 날아다니는 초인도 되는데 왜 그렇게 소심한지, 꿈에서 깨어 후회한 적이 한두 번이 아니다.

꿈은 현실이 아닌 허상이기에 아무리 좋은 길몽 꾸어도 또 악몽을 꾸어도 현실에는 전혀 영향을 받지 않는다. 다만 그 꿈을 현실로 연결시키기에 좋아하고 또 괴로워한다. 단, 한 가지 같은 것은 꿈이나 현실이나 지나간 것은 돌이킬 수 없다는 것이다. 현실에서 나는 그런대로 큰 부끄러움 없이 살고 있다고 생각하는데, 꿈속의 나는 가끔 나를 너무 실망시킨다. 그 허상이 현실로 연결되어 많은 시간을 회한으로 괴롭게 만든다. 꿈속의 나에게 부탁, 아니 야단 좀 쳐야겠다.

"야, 이놈아! 통 좀 키워라! 꿈인데 어떠냐? 물에 빠진 사람 보면 주저 없이 어른아이 할 것 없이 무조건 다 구해주고, 거리에서 불쌍한 사람 보면 지갑에서 천원만 꺼내주지 말고 통장까지 몽땅 털어 주고, 맹수나 귀신 만나면 펄펄 날아다니며 맞짱 떠 보고, 절벽이 있으면 뛰어 내려보고, 불 나면 불 속에 들어가 보기도 하고, 장담하건데 절대 잘못 되는 일 없다, 잘 못 되면 현실에서 내가 몽땅 책임질 테니 네가 하고 싶은 것 마음껏 누려 봐라. 소심하게 행동해서 현실의 나까지 주눅 들게 하지 말고…."

파리 목숨

요즘 파리는 전천후 요격기와 같다. 계절을 가리지 않고 추우면 어딘가에 숨어 있다가 따듯해지면 나타나 사람을 귀찮게 한다. 쓰레기장 주변이나 지저분한 하수구 근처를 지나다 차의 문만 열면 잽싸게 날아 들어와 차 안을 제집처럼 헤집고 다닌다. 이런 놈들은 억지로 잡으려 하면 안 된다. 아침에 보면 내려간 기온 탓에 차의 지붕 쪽에 맥없이 붙어있는데 기운이 없어서 움직이지 못하니 휴지를 찢어서 살며시 가져다 대면 쉽사리 일망타진 할 수 있다. 파리 한 마리 죽이는 것, 이처럼 아주 간단하지만 얼마 전 이런 파리 한 마리 때문에 내가 죽을 뻔하였다. 그야말로 파리 목숨이 되려한 이야기를 지금부터 하려고 한다.

그날은 고향인 산청에 갔다가 일반도로를 이용하여 귀가하는 중이었다. 바람 한 점 없이 날씨는 무더웠다. 시골 길을 차분히 달리고 있는 차 안에서, 코끝에 잠시 앉았다 날아오른 파리 한 마리가 다른 한 마리와 내 머리 위에서 흘레를 붙더니 핸들을 잡고 있는 나의 왼쪽 팔뚝 위로 떨어져 내렸다.

· 1954년 경남 산청 출생
· 문학사랑으로 수필가와 동화작가 등단
· 제 23회 문학사랑 인터넷 문학상 수상
· 2009년 경남신문 신춘문예 '나무와 새' 동화 당선
· 문학사랑 문인협회, 한국문인협회, 경남아동문학회 회원
· 대한사이버문학회 동인 · 현 진주 하대동 거주
· 010-4800-1623 · e-mail : cis1623@hanmail.net

"에잇 고얀 놈들."

내 앞에서 수작하고 있는 놈들이 괘씸해 팔의 근육을 움직여서 떨쳐 버렸더니 두 놈은 달아나지도 않고 이번에는 입술 근처로 달라붙었다. 파리를 현미경으로 보면 털이 숭숭 난 아주 흉측한 파리의 발이 보인다. 그 더러운 놈의 발이 내 입술을 짓이기고 있다 생각하니 몸이 부르르 몹시 떨렸다.

"이 나쁜 놈들"

인내성이 한계에 도달하여 떡 두꺼비보다 더 큰 손바닥을 파리를 향해 번개같이 휑하고 날렸다.

"철썩"

찡하고 코끝만 아려 올뿐 손이 날아가기 전에 비상한 파리는 벌써 내 시야에서 사라져버렸다. 어느 쪽에 있는지 곁눈질로 차 안을 살폈으나 보이지 않았다.

"그래 네놈들도 생명이 있는데 살아야지."

잠시 불심으로 돌아가 군자의 흉내를 내며 파리생각은 곧 잊고 한적한 시골 도로의 앞만 바라보며 자동차 운행을 계속하였다.

"엥…"

아니? 이번엔 선전포고를 먼저하고는 양쪽 볼테기에 두 놈이 나란히 내려앉는다. 차는 급경사지를 돌고 있고 핸들에서 손을 떼지 못하는 나는 얼굴만 세차게 흔들어댔다. 그러나 요 거머리 같은 놈들은 날아갈 생각도 안 하고 내 얼굴이 저들 놀이터라도 되는 양 마음 놓고 기어 다닌다.

"좋았어, 이판사판 공사판이다, 너 죽고 나 살자."

화가 머리끝까지 치솟아 올라왔다. 너른 갓길이 나타나자 차를 세웠다. 이번엔 내가 파리와의 전쟁을 선포 하였다. 하지만 차가 정지하자 내 얼굴을 떠난 파리는 어디에 숨었는지 찾을 수 없었다. 식식거리며 이 잡듯 차 안을 뒤졌지만 역시나 파리의 흔적조차도 찾지 못하였다.

"이것 참, 지금 내가 파리하고 싸울 군번인가?"

가만 생각하니 내가 한심스럽기 짝이 없었다. 소위 만물의 영장인데 아무짝에도 쓸모없는 파리 한 마리를 두고 난리 법석을 떨다니. 어이가 없어서 쓴웃음을 지었다. 제가 나가면 다행이고 안 나가면 그냥 두지 뭐, 간단한 생각으로 창문을 활짝 열어놓고 차를 출발시켰다. 아는 지인이 컴퓨터로 녹음하여 선물한 디스크를 넣었다. 조영남의 낙엽은 지는데 노래가 나왔다.

"마른 잎 굴러 바람에 흩날리면 생각나는 그 사람 오늘도 기다리네."

경쾌한 조영남의 목청을 따라 부르는데 어찌 턱 아래가 근질거린다. 무심코 룸미러에 비치는 내 얼굴을 보았다.

"흐으 악"

언제 와서 눌러앉았는지, 다리를 저는 파리 한 마리가, 지은 죄가 얼마나 큰지 내 잘 생긴 턱에 앉아 두 손을 싸잡고는 싹싹 빌고 있다.

"이런, 처 죽일 놈, 내 오늘 저놈과 사생결단을 하리라. 하지만 이 거룩한 손에 더러운 네놈의 피를 묻힐 수는 없지."

흥분이 최고조에 올랐다. 우선은 놈의 퇴로를 차단하기 위해 차의 유리문을 모두 올렸다. 뒷좌석으로 손을 뻗쳐 신문 한 장을 둘둘 말아 공격용 깔때기로 만들었다. 그리곤 놈의 움직임을 감시하였다. 놈은 어디서 다쳤는지 그 몸의 상처가 깊어서 내 턱에서 한 발짝도 움직이지 못하고 있다. 자, 이제 때가 되었다. 긴장을 풀고 호흡을 멈추고 손목에 힘을 가하며 잽싸게 깔때기를 전광석화처럼 날렸다.

"철퍼덕."

그러나 내 턱주가리만 깨어지듯 아파올 뿐 놈은 간발의 차이로 나의 무자비한 공격을 피하여 달아났다.

"저 지독스러운 놈을 어찌해야 잘 잡았다고 소문이 날꼬?"

차창을 빠른 속도로 스쳐 지나는 가로수를 흘끔거리다 문득 기찬 방법 하나를 찾아내었다.

"그래 방정식을 쓰자."

놈은 잠자리비행기와도 같아서 위로 옆으로 앞으로 자유자재로 비행한다. 그러나 좁은 공간에서 위로밖에 날 수 없는 상황일 때 놈이 날아갈 방향을 미리 선정하여 오르는 속도와 공격용 깔때기가 떨어지는 속도를 맞추면 틀림없이 놈은 내 손에 맞아 죽게 되어있다.

"으하하, 방정식의 아버지 디오판토스가 부활한다 하여도 이보다 더 좋은 방정식은 내놓지 못할걸?"

쾌재를 부르며 만반의 준비를 철저히 하고 다시 놈이 나타나기를 기다렸다. 이젠 좀 느긋한 마음까지도 들었다. 하지만 어찌 되었든 창조주의 축복 속에 태어났을 한 생명이 마지막 가는 길이 될 터. 안 되었다는 생각이 들지 않은 건 아니지만, 지금껏 공짜 차를 타고 오면서 나를 괴롭힌 걸 따진다면 재판 없이 즉흥적으로 사형집행을 한다 해도 대통령도 나무라지는 않을 것이다. 나는 차를 계속 몰고 가며 눈을 흘끔거려서 놈을 찾아보았다.

"아, 저기 있구나."

놈은 건방지게도 내 옆자리, 그러니깐 조수석에 비싼 돈 주고 새로 장만한 왕골자리 위에 아예 퍼질고 앉아 편안한 휴식을 취하고 있었다. 진짜 소갈머리라고는 손톱 끝만치도 없는 놈이다. 팔만 뻗으면 단박에 해 치워 버릴 수 있는 거리이다. 깔때기를 다시 말아 쥐고 놈을 향해 서서히 팔을 올리려다 문득 지난 날 중학교 1학년이던 형의 책가방에서 훔쳐 본 영문법 책이 생각났다. 그 책에는 네 컷 짜리 만화가 있었다. 전문을 영어로 써놓아 하나도 알 수 없었지만, 평소에 맘대로 찍어 붙이길 잘하는 성격이라 나름대로 해석을 하고 지금까지 내 해석이 맞다고 믿고 있는 만화이다.

주인에게 충실한 원숭이 한 마리가 있었다. 어느 날, 포도나무 아래에서 주인은 흔들의자에 앉아 낮잠을 즐기고 있었고, 충실한 원숭이는 큰 포도 잎사귀를 뜯어와 주인에게 바람을 저어주었다. 이때 파리 한 마리가 날아와 잠든 주인의 이마 위에 앉았다. 잠결에 주인은 파리를 내몰기 위해 온 근육을 씰룩거렸다. 원숭이는 나무 잎사귀로 파리를 잡아 보려 하지만 파리는 원숭이를 놀리듯 자리를 바꾸며 계속해서 주인의 얼굴에 달라붙었다. 화가 치민 이 원숭이, 주인의 콧잔등에 붙은 파리를 보며 말했다.

"이놈 오늘이 너 제삿날이다. 네 너를 절대로 살려두지 않겠다."

근처에 있는 집채만큼 큰 돌을 낑낑거리며 들고 와서 이 파리를 잡기 위해 두 손을 번쩍 들어 주인의 콧잔등을 향해 힘껏 집어던졌다. 좀 황당한 이야기지만, 파리를 잡으려다 주인의 목숨을 앗아간 네 컷짜리 만화가 갑자기 떠올려졌다.

"아니지, 나는 만물의 영장이야. 어리석은 원숭이하고는 비교될 수가 없지."

웃음을 지으며 세상모르게 엎어져 자고 있는 파리를 다시금 확인하였다. 마주 오는 차가 없음도 다시 확인, 이번엔 실수를 안 하고자 확인에 확인을 아주 철저히 하였다. 왼손으로 핸들을 꽉 잡고 고개는 움직이지 않은 채 눈동자만 옆으로 굴려서 놈의 위치를 잡고 튀어 오를 공간을 미리 선정하였다. 그리고는 공격용 깔때기가 내려가는 속도를 감지하여 놈의 전방을 향하여 순식간에 내리 덮쳤다.

"팍"

몸통이 으깨어지고 처절한 비명도 미처 지르지 못한 놈의 더러운 피가 온 사방에 튀는 듯의 느낌이 왔다. 그러나 나는 놈의 시체를 확인할 겨를을 미처 찾을 수 없었다.

"뿌웅, 빠앙 끼 끽…"

갑자기 구부러진 도로의 앞쪽에서 기차 화통이라도 삶아 먹었는지 큰 경음기 소리와 함께 아스팔트와 타이어가 일으키는 마찰음이 지옥에서 올라오는 소리처럼 크게 들려왔다.

이런 세상에, 고래 등 같은 커다란 짐을 실은 트레일러 그 지붕 위에, 은빛으로 반짝이는 루이 암스트롱의 트럼펫보다도 더 긴 나팔 두 개에서 째지고 갈라지는 무시무시한 소리가 들려오고, 머리카락이 하늘로 바싹 치켜 올라간 트럭 운전사의 더는 커질 수 없는 눈망울이 내 코앞으로 다가오고 있는 것이다. 내 차는 이미 중앙선을 넘어 트럭의 아가리 밑을 향해 돌진하고 있었다. 삶과 죽음의 갈림길에서 생각이란 아주 무의미하다. 이럴 땐 감각에 의해서만 모든 행동이 시작된다.

"휘리릭. 끼이이익."

제동을 걸면 스스로 죽음을 자초한다. 오랜 경험에서의 몸에 익은 습관으로 가속페달을 힘껏 밟으며 핸들을 우측으로 죽으라고 꺾었다. 차는 한쪽이 거의 들린 상태로 산드라 블록이 주연한 스피드 영화를 연출하며 충돌 일보 직전에서 빠져나왔다. 갓길에 차를 세우고 뒤를 돌아보니, 놀란 가슴을 쓸어내리며 트레일러 기사가 차 문을 열고 밖으로 나온다. 보아하니 차나 사람이나 다친 데는 없다, 사과해야 마땅하지만, 화가 날 대로 난 저 기사에게 지금은 말발이 안 통한다는 것쯤은 누구나 다 알 수 있는 사실이다, 나는 허리를 깊숙이 꺾어 큰절하고는 다시 차에 올라 빠른 속도로 그 자리를 벗어났다. 후사 경에 비친 운전사의 입술이 심하게 떨리는 것으로 보아 지독한 욕을 내게 퍼붓고 있는 모양이다. 하긴 처지가 바뀌어 내가 그 운전사가 되었더라도 상대방을 그냥 놔두려 하지 않았을 것이다.

까딱하면 파리 한 마리의 목숨과 내 목숨을 맞 바꿀 뻔하였다. 나와의 전투에서 살아난 그 파리, 어쩌면 오늘은 당신의 차 속에서 여행을 같이 즐기고 있지나 않을는지.

인연

"그리워하는 데도 한 번 만나고는 못 만나게 되기도 하고, 일생을 못 잊으면서도 아니 만나고 살기도 한다." -피천득의 수필 인연에서-

별로 등산엔 취미가 없어서 어쩌다 여유가 생기면 책상 앞에 죽치고 시간을 보내기가 일쑤인 나다. 그러나 근간에 들며 건강에 무리가 따라 작은 산이나마 등산에 적을 두게 되었다. 하지만 쉬는 날이 날씨와 연관되어서 늘 좋은 산은 갈 수 없고 경험도 부족하여 더 쉬운 산행을 나는 택한다. 어제도 그리하여 우산을 쓰고도 걸을 수 있는 다솔사의 봉명산을 하산 뒤의 텁텁한 막걸리를 핑계로 친구 둘을 꼬드겨서 갔다.

다솔사 주차장의 민속주점 운영자가 우리 동네 대추나무집 마나님이라 교분도 있어서였다. 어쨌든 약속대로 세 시간쯤을 쉬지 않고 걷는 산행을 마치고 오후에 다솔사 경내로 내려왔다. 날씨는 좀 차지만 원목 탁자에 앉아 파전을 미끼로 막걸리를 마시다가, 무수히 많은 사람 사이로 스치듯 떠오르는 한 추억을 만났다.

아! 나도 몰래 감탄사를 부르짖으며 자리에서 일어섰다, 은주. 은주가 거기 있었다. 작달한 키에 목이 길고 머리의 웨이브를 왼쪽으로 둔. 그러며 그쪽으로 간간이 고개를 젓는. 예전의 그 모습이 그대로 남아 있는. 은주가 틀림없었다. 한참을 바라보다 앉으며 눈을 감았다. 기억의 필름은 빨리도 돌아 38년 전의 울산으로 나를 데려다 놓았다.

가출과 귀향을 밥 먹듯 하며 변변한 기술 하나 배우지 못하고 방황하던 내 젊은 시절. 따분한 공장 생활을 지겨워하자 숙부님은 울산 병

영의 도자기 구이용 찰흙을 생산하는, 요샛말로 순 막노동판에 취직을 시켜주었다. 장래성이 없는 단순 노동이었지만 무자비하게 남아도는 힘을 처리할 기회도 되었고 또 보수도 두둑해서 나는 열심히 일을 하였다.

예나 제나 공사장은 비가 와야 쉰다. 이런 날 친구 한 명 없는 나는 중앙시장에서 생선가게를 하시는 숙부님 내외를 찾아가 일을 도와드렸다, 술을 좋아하던 숙부님께 나는 더없이 좋은 핑계거리였다.

"가자. 남자들은 술심으로 일하는 기라."

빗물이 골판지 사이로 뚝뚝 떨어지는 꽤나 낡은 주막집, 때가 절어 반들거리는 목판 위에 누구나 찍어 먹는 두툼한 고래 고기 비곗살과 싯누런 바가지에 철철 넘치게 따라주는 막걸리 인심. 나는 차츰 이골이 들어갔고 틈만 나면 숙부님 가게를 기웃거리게 되었다. 그때마다 당연한 듯 숙부님은 나를 예의 그 선술집으로 데리고 갔다. 다 쓰러져가는 나환자촌 구석의 빈집에 여러 명이 기거하는 숙소가 맘에 안 들어서 나는, 별도로 병영 입구의 한 주택에서 하숙을 하고 있었다. 그 하숙집 주인은 서울서 공부하는 아들과 여중 3학년인 딸과 시어머님을 모시고 사는 집안이 어려운 과수댁이었다. 빈방인 아들 방을 거처로 저녁은 식구들과 같이 먹었고, 특별히 갈 곳이 없던 나는 방에 있던 아들의 기타를 뜯는 걸 낙으로 삼았었다. 이름이 은주인 이 집 딸아이는 처음엔 부끄러워 밥상머리에서 얼굴도 못 들더니, 한두 달 지나자 자연스레 저녁이면 내 방으로 건너와 기타를 배운다며 놀다 가기도 하였다. 자연스레 은주는 오빠라 부르며 나를 가까이하려 들었다.

일요일과 비 오는 날이 겹쳐진 어느 날, 경계의 눈초리를 잔뜩 보내고 있던 제 엄마의 눈을 피해 은주가 시장 통으로 나를 찾아왔다. 놀라기도 하였지만 한편 또 반갑기도 하여 우선은 숙부님께 하숙집 딸인데 친오빠보다 나를 더 잘 따른다며 과찬을 섞어 인사를 드렸다.

"허허, 그놈, 우리 조카며느리 삼으면 좋겠다."

때 아닌 농에 얼굴을 붉히는 은주와 나를 데리고 숙부님은 당연하다는 듯 또 그 선술집으로 앞서서 가셨다. 막걸리 값만 받고 그냥 주는 고래 고기 안주는 비계가 많은 하품이었다. 그날의 숙부님은 특별히 질 좋은 수육을 돈을 주어 시켜놓고는 커다란 양푼에 막걸리를 손수 따라 숨도 안 쉬고 한 참에 마시고는 먼저 나가셨다.

울산에 살면서도 별스레 고래 고기를 접하지 않던 은주는 숙부님이 안 계시자 부끄럼을 잊고 걸신들린 듯이 신나게 수육 접시를 비워 나갔다. 흡족히 웃으며 나는 장난삼아 대포 한잔을 은주에게 건넸다. 둘이 건배도 멋지게 하고서 쭉, 단숨에 들이켰는데, 금방 은주에겐 난리가 쳐들어왔다. 숨이 턱턱 막히고 얼굴이 복숭아처럼 붉어지며 자지러질 듯 가슴을 쥐어뜯으며 고통을 호소하였다. 얼마나 놀랐는지, 부랴부랴 은주를 들쳐 업고 숙부님 가게로 뛰어갔다. 숙모님은 더 놀라서 은주를 안아 내려 간이침대에 눕혀놓고 바늘로 손을 따고 야단법석을 떨었다. 시장에 별 손님도 없던 때라 주변 동료 분들이 재미난 구경거리를 놓칠 리가 없었다. 사복을 입은 은주는 제 또래보단 더 성숙해서 처녀티가 물씬 풍겼다. 반듯이 눕혀 놓으니 제법 볼록해진 젖가슴에 아프도록 눈이 시려왔다. 이런 은주에게 주변 상인들의 따가운 눈총은 사정없이 쏟아져 들었다. 잠시 널브러졌다 정신이 돌아오자 은주는 부끄러워 블라우스의 옷깃을 여미며 얼굴이 홍당무로 변하였다.

"이런, 처자가 막걸리에 취했구먼, 얼른 집에 데려다 줘라."

숙모님은 빙그레 뜻 모를 웃음을 지으셨다. 그런 은주를 부축하여 버스를 타고 집으로 돌아왔다. 빨래를 널다 말고 수상한 은주와 나의 행동을 지켜보던 하숙집 아줌마의 반응은 뜻밖에 빨리 나왔다. 저녁 밥상을 들고 내 방으로 들어온 은주엄마는 내가 나가주기를 원하였다.

"우리 은주, 한창 공부하여야 할 나이야. 정군 착한 건 내가 더 잘 알지만, 사춘기 딸아이 가지고 있는 어미 마음도 이해해주게."

나는 군말 없이 그날 밤중으로 보따리를 챙겨 우선은 작은집으로 이사했다. 은주는 그 뒤로 내 거처를 알고자 숙부님 가게에 두어 번 찾아왔다. 그러나 숙모님은 매몰차게 먼 곳으로 가 버렸다고 거짓말을 하였다. 물론 내가 부탁하기도 했지만. 아무튼, 그때의 은주는 사춘기적 고뇌를 가득 안고 있었음은 분명했다. 이런 은주를 내가 쉬이 기억하는 까닭은 특이한 버릇 때문이었다. 학교에서 지적을 받으면서도 단발머리의 결을 왼쪽을 한껏 치우쳐 모양새를 갖추고 그 머릿결 쪽으로 언제나 고개를 갸우뚱거리는, 그리 보기 싫지는 않아서 제 엄마도 나무라지 않던 버릇이었다.

그때에 내 나이 스물이어서 열다섯 은주와는 다섯 살 차이였으니 저 여인이 은주가 틀림없다면, 황혼이 스며드는 50대 중반에 들어서고 있을 것이다. 등산객들의 무리에 섞이어 머리를 왼쪽으로 약간 뉘이며 천천히 버스의 트랩을 오르는, 저 여인의 이목구비며 버릇은 38년 전의 은주와 너무도 빼 듯 닮았다.

막걸리 잔을 그대로 든 채 어정쩡히 일어서서 다시금 바라보다가, 무심코 뒤돌아보는 그 여인의 눈길과 딱, 마주쳤다. 숨이 콱 막히며 온몸에 경련이 일어났다. 어두운 가슴 한 편으로 짜릿한 화살이 뚫고 가는 듯 아찔한 현기증도 따라 일었다. 그러면서 내게선 이미 떠나버린 줄 알았던 뜨거운 청춘들이 저 먼 곳에서 스멀스멀 안개처럼 피어올라 왔다. 한참을 트랩에 멈추어 있으며 내 눈길을 피하지 않는 그 여인의 물결처럼 늘어트린 고운 머릿결 위로, 기억의 주마등을 다시 밝히려는지 빗물들이 뽀얗게 빛을 띄우며 하염없이 내려오고 있었다.

열정

가뭄에 목말라하던 대지 위에 가을비가 촉촉하게 내린다. 무성했던 잎들이 늦가을 비에 무너져 내리고 빈 가지에 찬 서리가 내리면 겨울 채비를 서둘러야겠지. 이불도 바꾸고, 옷도 바꾸고, 마음도 바꾸고…

내 안에 있는 생각들이 녹슬지 않게, 무뎌지는 감성마저 잃어버릴까 봐 마음을 살피는 것이 일상이 되었다. 과거의 얽매임이나 불확실한 미래에 연연하지 않고 금방 알을 깨고 나온 새처럼 날마다 신비롭고 새로운 세상을 만날 수는 없겠지만, 새로운 인연을 만드는 것도 새로운 세상을 만들어가는 것도 스스로 생각하고 가꾸어야 할 나의 몫이니 사는 일이 버겁기만 하다.

포기가 많아질수록 내게 남아 있는 시간이 줄어드는 것 같아서 비워져 가는 영혼에 뭔가를 꾸역꾸역 채우고 싶은 욕심이 생겨난다. 지금 이 모습마저 그냥 흘려보내면 다시는 못 볼 것 같아서 카메라를 챙겨 나가는 습관이 생겼다.

더 늦기 전에 추억할 수 있는 것들을 많이 붙잡고 싶은 욕심도 근

· 1959 경북 봉화 출생
· 2008년 '문학사랑' 수필부문 신인상 수상
· 2009년 '휴먼 메신저' 봄호 시 부문 신인상 수상
· 대한사이버문학회 동인
· e-mail : kr6815@hanmail.net

래에 와서 부쩍 늘었다. 재능도 없고 여유도 없는데 취미를 하나 더 늘려 본다고 미술학원에 등록했다. 열정만큼 따라주지 않는 현실의 높은 벽 앞에서 쓰러지고 일어서기를 반복하며, 때로는 부러지고 부서지는 모습도 아름답다는 생각을 해본다.

첫걸음이 서툴지만 뭔가를 하고자 하는 마음이 대견스럽고 사랑스럽고 사느라 지친 몸과 마음에 작은 선물을 줄 수 있는 내가 나한테 고맙다. 훗날 내가 할 수 있는 것들이 줄어들 때 봄바람처럼 설레지는 않아도 가을바람처럼 차분한 올레길을 걸으며 지금 내가 시작한 일들이 내 삶에 이유가 되고 기쁨이 되었으면 하는 바람이다. 채워지지 않는 허망한 공간 속에 무엇을 채우고 싶은 것이 욕심이 아니라 원래의 내 모습으로 돌아가고 싶은 간절한 소망이다.

게으름을 피우면서 이글을 쓰는 동안 가을이 지나고 겨울이 오고 며칠 후면 새해가 된다. 해마다 연말이 되면 내가 바쁘고 피곤하다는 이유로 배려와 관심이 부족했던 가족과 이웃 동료에게 죄송하고 미안한 마음만 가득하다. 만남이나 모임을 게을리 하다 보니 속 시끄러울 일 없어 마음은 고요하지만 살아가는 정이 메말라 가는 것 같다. 현실에 지배당하고 있음을 삶의 순리로 섭리로 받아들이기로 마음먹으니 게으름만 잔뜩 늘어난다.

세상의 온기가 햇살이 앉았다 일어난 자리처럼 언제나 따듯할 수는 없겠지만 손바닥을 비벼 온기를 채우고, 헐렁해진 소매 끝으로 파고드는 찬바람이 무서워 덕지덕지 옷을 껴입고 외출을 했더니 이 추운 겨울에 식은땀이 난다. 우리 나이가 되면 불덩이 하나 얼음덩이 하나씩 품고 사는 일은 예삿일이다. 갑자기 온몸에 식은땀이 나고 예고도 없이 불덩이가 되었다가 싸늘하게 식기가 반복된다. 갱년기라는 합리화로 뭉개버리기엔 위험요소가 많지만 그렇다고 죽을 만큼 힘든 것도 아니니 선뜻 병원을 찾기란 쉽지 않다.

돈은 얼마든지 드릴 테니 건강검진 한 번 받으라는 아들의 배려가 참 고맙다. 기상예보는 예년보다 따듯하다고 하는데 내가 느끼는 올 겨울은 예년보다 춥다. 추위를 막아 낼 몸 온도가 낮아졌기 때문일 거다.

수족냉증이라는 불청객이 찾아온 듯하다. 거칠어진 손등을 본 딸이 핸드크림을 사서 내민다. 벌써 자식들에게 보호 받을 처지가 되었나싶어 서글퍼지기도 하지만 이제 후회하고 울분 하는 일은 끝내야 한다.

가족, 친구, 동료, 보이지 않는 세상의 끈들이 나를 지탱하게 해주는 원동력이다. 그들에게 매번 받기만 하니 염치없는 세월만 끌어안고 사는 내가 부끄럽지만 그들이 있어 행복하고 때로는 상처받기도 하고 각본 없는 드라마를 위해 나는 오늘도 인생이라는 무대에 오른다.

주연이라도 좋고 조연이라도 좋고 이 세상에 내가 할 수 있는 역할이 아직 많이 남아 있었으면 좋겠다. 차가운 발밑으로 시린 손등 위로 빨리 따듯한 봄이 왔으면….

인연

나와 같은 시절 인연으로 만났던 사람들이 살아가면서 문득문득 그리워진다. 필요에 의해서 만났다가 필요에 의해서 헤어져야 했던 사람들, 희미한 기억 속에 한번 만나보고 싶은 사람이 있다. 한가하게 놀러나 다닐 처지도 아니었으니 친구 사귀는 것도 힘들었고, 먹고 사는 게 바빠서 우물 안 개구리 신세를 면하지 못하던 시절이라 직장을 옮기면 연락이 끊어졌다.

같은 하늘 아래 어딘가에서 살고 있을 옛 친구들은 지금쯤 무얼 하고 있을까. 짧은 인연이었지만 오래도록 기억 속에 남아 꿈틀거리는 얼굴, 이름, 누추하고 허름한 골목길… 고단했던 젊은 날의 초상은 낡은 훈장처럼 세월의 벽에 걸려 있다.

성도 모르고 겨우 이름 두 자만 기억나는 연옥이, 남이, 춘자…

연옥이는 나를 언니라 부르며 따랐었고 남이는 덩치가 크고 성격이 좋아서 분위기 메이커였다. 춘자는 얼굴이 뽀얗고 부잣집 맏며느리 감이었고 이름마저 기억나지 않는 한 명은 식모살이를 하다가 주인집 아저씨의 성폭행 때문에 나왔다며 속마음을 다 털어놓아서 기억에 남는다. 그 당시 어려운 환경 속에서 기숙사 생활을 하며 한솥밥을 먹고 같은 이불 속에서 티격태격하며 동고동락을 같이 했던 옛 직장 동료를 생각하니 마음이 아파 온다.

"엄마 없는 하늘 아래" 그 영화를 같이 보면서 같이 울고 같이 웃던 친구들, 지금은 아무리 좋은 영화나 공연을 봐도 그때처럼 감동이 뼛속까지 스며들진 않는다. "엄마 없는 서울 하늘 아래" 그 주인공이 바로 나였으니… 내가 살아온 날들도 눈물 없이는 생각할 수 없는 한 편의 드라마다. 무디어진 가슴에 작은 불씨라도 짚여 볼까 하고 가끔은 영화를 보러 가기도 하지만, 웬만한 슬픈 영화를 봐도 눈물은커녕 졸음만 쏟아진다. 인생보다 진실한 영화는 없는 것 같다.

아무리 허구의 세계에 빠져 어느 것이 진짜인지 어느 것이 가짜인지도 모르고 허겁지겁 살아가지만, 영화나 드라마나 책 속에서 개개인의 삶을 들여다보면서 느끼고 배우는 것도 삶의 일부분이기에 자주는 못 보더라도 가끔은 즐긴다.

부모형제의 인연, 사회생활에서 맺은 인연, 남편과 자식과의 인연, 그들도 언젠가는 나와 인연이 다 하면 떠날 것이다. 그래서 나이가 들수록 홀로 사는 법을 배워야 한다는 어느 노시인의 말씀이 마음에 와 닿는다. 내가 붙잡고 있는 것만큼 삶은 무거워지는 것이기에 홀로 가벼워지는 연습을 하는 것이다.

잘못된 만남은 되돌릴 수 없는 악연이 되기도 하지만 살다 보면 오랫동안 기억에 남는 인연도 만나게 된다. 내 인생의 오후에 다가온 좋은 인연이 잊혀지기보다는 오래도록 아름다운 빛이 될 수 있기를 바람 해본다.

고향 친구

일 년에 한 번 동창회 가는 길 다섯 시간 걸리던 고향 길은 고속도로를 만들었고 차들만 잘난 척 붕붕 달리는데, 휴게소에 들러 국수 한 그릇 먹고 나니 벌써 도착이란다. 어느새 반백을 훌쩍 넘긴 모습으로 잊혀진 이름 하나 부르며, 잊혀진 추억 하나 회상하며, 사위 본다, 며느리 본다, 인생의 계절은 봄을 지나 여름을 지나 어느새 가을로 접어들고… 무릎이 안 좋네, 다리가 아프네, 팔이 아프네, 눈이 나빠졌네, 몸뚱이가 예전만 못 하네 등등.

세월의 흔적은 지울 수 없어 같거나 비슷한 모습으로 마주 보며 앉았다. 바쁜 일 재끼고 달려와 준 게 어디냐며 고맙다고 덥석 손을 잡는 고향 친구 밤새워 추억 꺼내 도란도란 나누는 이야기는 끝이 없고, 기억력도 좋아 모두가 청산유수야.

한잔 술에 취하고, 우정에 취하고, 동심에 취하고, 오늘 하루는 마음껏 취해 보는 거야, 어차피 인생은 취하면서 사는 거라지.

하룻밤 취기에 눌린 몸뚱이는 밥상머리 밑으로 눕고 싶고, 아이고! 다리 허리 팔이야… 신음소리를 토해내면서도 친구들 곁이라서 행복했던 시간, 고향 친구들과의 만남은 잘 비벼진 비빔밥처럼 언제나 맛있다.

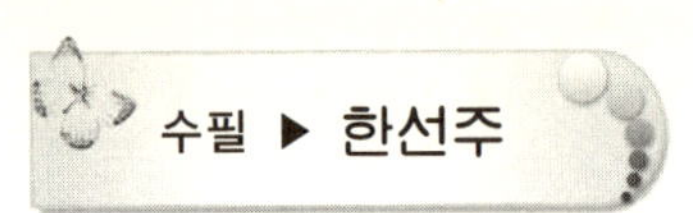

머나먼 고향

정신없이 달려온 길. 무심코 뒤돌아보니 고향을 떠나 온 지 세월이 너무 많이 흘렀네. 떠나올 때는 자주 찾아오마고 손가락 걸고 약속을 하였건만 귀밑에 흰머리가 송송 돋아나서야 그 약속이 다시금 돌아보이네. 삶의 치열한 경쟁 속에 발목이 잡히어 잊은 듯 잊혀왔던 고향 친구들 그리고 친척들. 태산처럼 쌓였던 그리움들이 봇물 터지듯 가슴속을 마구 헤집고 다니네. 언제쯤이면 고향을 찾아가서 유년의 추억이 서린 나무와 풀들과 돌들, 그리고 흙들을 만날 수 있을까? 떠오르는 친구의 이름을 낱낱이 외치며 부를 수 있을까? 꼬까신을 신고 건너던 마을 앞 징검다리는 아직 그 자리에 그대로 있는지. 소나무갈비를 엮어 머리에 이고서도 웃고 떠들던, 순수로 물들었던 추억들을 친구들은 기억하고 있을는지. 다복솔 자욱한 동산에 올라 장에 간 엄마를 기다리며 부르던 노래들은 왜 이리 잊혀지지 않고 새록새록 떠오르는지.

'엄마가 섬 그늘에 굴 따러 가면. 아기가 혼자남아 집을 보다가…'

산골에 살다보니 바다가 너무 그리워서 부르고 또 부르던 노래 섬

· 1958년 경남 합천에서 출생
· 현재 대구 달성 거주
· 대한사이버문학회 동인
· e-mail : tjswn112@hanmail.net

집 아기. 숙부님 상을 당하여 사촌들을 모처럼 만났어도 하얀 머리칼만 탓하다 돌아서야 했던, 출가외인이라고 먼 길 떠나는 숙부님을 배웅조차 못하였던, 서글픈 마음들이 구름처럼 몰려들며 때 아닌 고향 생각에 홀로 눈물짓네.

빌딩숲 사이로 불어오는 바람에 숨이 콱콱 막혀버릴 것 같아서. 가야산 맑은 바람이 솔솔 불던 어디쯤인지, 분간도 안 되는 머나먼 고향을 바라보니 그리움이 봇물 터지듯 가슴속을 메워드네. 언제나 돌아가 볼까. 내 살던 내 고향.

아버지의 추억과 기일

어릴 적 기억의 아버지는 너무 평범하고, 소박하고 또 가정적이셨다. 언제나 나에게 정겹고 다정하기만 하셨던 울 아버지. 내리 사랑이라 하지만 아버지는 유달리 나를 예뻐해 주셨다. 우린 형제가 많아서 나는 팔남매 중 여섯째고 딸로는 셋째다. 옛말에, 셋째 딸은 얼굴도 안 보고 데려간다 하지만 기실 나보다 내 언니들이 더 예쁘다. 나머지는 아들 다섯. 어디 우리뿐이랴? 누구나 그 시절엔 형제가 많았으니.

9살쯤 되었던, 달도 없이 캄캄한 그믐날의 밤이었다. 아버지는 약주가 취해 들어오셔서, 꿈속에서 놀고 있는 나와 동생을 깨워서는 애비가 노래 할 테니 너흰 춤을 추거라. 그러면 눈깔사탕을 주지, 하시며 마구 흔들어 깨웠다, 그 시절의 사탕은 참 많이도 귀해서 그놈 사탕이 먹고 싶어서 눈을 비비며 일어나 박수를 치며 랄라라 하고 춤을 추었다.

"못 견디게 괴로워도 울지 못하고, 울어라 열풍아" 를 신나게 부르시던 아부지, 나 잘려, 그만 혀, 이잉. 어린 마음에도 얼마나 노래가 구슬프게 들렸는지. 그래서 어디가면 아버지 생각하며 이 노래를 즐겨 부르곤 한다. 서울 모임 때도 한번 불러도 보고 싶다.

아버지는 좋아하시며 내 새끼 줄려 하며 사탕 하나씩 주시곤 껌 한 통은 울 엄마에게 요건, 당신 꺼 하고 내미셨다. 오늘 저녁에 자면 눈썹이 신다. 자지 말고 함께 놀자 하시던 울 아버지. 그러나 잠 많은 나는 동생과 안 자려 안 자려 꿈틀대다 기어이 잠이 들고, 아침에 눈을 뜨니, 세상에 이럴 수가! 동생과 내 눈썹이 하얗게 변해 있는 것이 아닌가. 울면서 지우려 해도 지워지지가 않았다. 그냥 울고만 있는데,

엄마가 그만 지워주라 하시니. 울 아버지 따듯한 물로 나와 동생의 얼굴을 닦아 내셨다. 알고 보니, 조청을 바르고 밀가루를 눈썹에 뿌려 놓으신 거였다. 아버지 밉다고 얼마나 울었던지, 우는 우리 모습에도 행복해 하시던 울 아버지. 아버지와 추억은 생각하면 할수록 마음이 시려온다.

이틀 후면 울 아버지 기일이다. 찬바람이 불자 더욱더 그리워지는 아버지. 아버지. 당신이 보고 싶습니다.

느티나무에 대한 단상

산책길이자 출근로인 아파트 앞의 도로 가로수들은 모두 느티나무들이다. 가을이 되면 어디로 훌쩍 단풍을 찾아 떠나는 사람들과는 달리 나는 이 느티나무 아래에서 만추의 느낌을 담아보곤 한다. 가을이 깊어 가면, 개구리소년으로 더 잘 알려진 와룡산의 나무들 보담 이 느티나무들이 늘 한걸음 먼저 물들곤 하는데 오늘 아침 출근하며 보니 어디라 할 것 없이 모두가 다 빨갛다. 느티나무는 생김새도 수수하지만 단풍이 들면 정말 근사하다. 은행의 노랑과 단풍의 빨강, 풋 나무들의 갈색 등. 그 모든 색깔을 다 갖추고 있는 느티나무는 그래서 가을의 정령이다. 나무 한 그루, 한 그루마다도 그렇지만 병정처럼 길가에 도열한 나무들을 보면 각 나무마다 자신만의 독특한 색을 가져서 진정한 가을의 맛을 듬뿍 우리에게 안겨준다.

목재는 야물고 단단하여 우리의 전통 혼례품목인 반다지 등에 주로 사용하고. 무늬가 곧고 명이 길어서 가구재로는 가히 으뜸이라 할 수 있다. 마을 어귀에 어디든 서 있는 정자나무니 괭나무니 하는, 이 모든 것들이 다 느티나무를 일컫는다.

고향마을 고개의 정상에서 느티나무는 돌멩이로 둘레를 두르고 주렁주렁 노랗고 붉은 헝겊으로 된 금줄을 두른 채 마을의 길흉화복을 말없이 지켜보며 서 있는, 어스름에 고샅을 지나노라면 지은 죄 없이도 덜미가 선선하다가도, 아, 집에 왔구나 하는 안도의 느낌을 비로소 가진 것도 다 이 느티나무 아래에 이르고서였다.

개개의 사람마다 마음에 둔 나무가 따로 있겠지만 내게는 추억이 있어서도 그렇고 생긴 모습까지도, 또 그 이름마저도 마음에 드는 나무가 느티나무이다. 아마도 새 길이 나며 잘려진, 고향 마을의 느티나무를 못 잊어서 그런가 보다. 합천 가야산 첫 머리에 우뚝 서 있던. 지금도 눈 감으면 고향 느티나무는 내 앞에 오독하니 나를 기다리고 있다.

아동문학

http://cafe.daum.net/hankuk2003

▶▶▶ 아동문학

‖정이식‖ 짖지 않는 개 크렁이 외 1편

짖지 않는 개 크렁이

"크르렁."

우윳빛 유리창에 가려질 줄 알고 별로 조심을 안 한 탓인지 크렁이는 현관문 아래로 내려선 나를 진즉부터 알아보고 저리 무섭게 크르렁 대고 있다. 내가 문만 열면 달려들려고 목을 잔뜩 움츠리고 있는 것이 틀림없다. 당장 대문 옆에 있는 화장실에 가야 하는데 정말로 큰일이다, 저 못생긴 개 크렁이는 귀신도 왜 잡아가지 않는지. 화가 난다. 낯선 사람이 오면 오히려 꽁지를 감고 숨을 곳만 찾는 크렁이는 유독 내게만은 저렇게 위풍당당하게 으르렁댄다. 주인집 할머니가 계시면 오히려 더 날뛴다. 엊그제도 숙제하다 화장실 가려고 현관문을 밀치자 크렁이는 앞발을 번쩍 치켜들며 물듯이 내게 달려들려 했다. 목줄이 매여 있어서 다행이지 아니면 지금쯤 나는 병원에 드러누워 있을 것이다.

"괜찮아, 크렁이가 친구 하자고 그러는 거야."

할머니는 언제나 별일 아니라는 듯 웃으면서 말하셨다. 그러나 나는 크렁이가 밉다. 할 수만 있으면 신나게 두드려 패주고도 싶다.

· 1954년 경남 산청 출생
· 문학사랑으로 수필가와 동화작가 등단
· 제 23회 문학사랑 인터넷 문학상 수상
· 2009년 경남신문 신춘문예 '나무와 새' 동화 당선
· 문학사랑 문인협회, 한국문인협회, 경남아동문학회 회원
· 대한사이버문학회 동인 · 현 진주 하대동 거주
· 010-4800-1623 · e-mail : cis1623@hanmail.net

크렁이는 어른이 채 안된 작달막한 잡종 개의 이름이다, 입을 다물어도 제멋대로 볼가진 누런 이빨이 밖으로 튀어나오는, 귀여운 구석이라고는 눈곱만큼도 없는 개다. 목소리마저 고장 나서 다른 개처럼 컹컹하고 짖지도 못한다. 그저 한다는 소리가 누런 이빨을 드러내며 크르렁 하고 울어 누군가가 크렁이라 부르며 이름이 크렁이가 되었다. 짓궂은 아저씨들은 할머니 안 계실 땐 개가 개 구실도 못한다며 발로 걷어차기도 한다. 그럴 때면 크렁이는 꼬리를 사타구니에 묻고 짧은 목줄 안에서 뱅글뱅글 낑낑거리며 돈다. 그런 바보 크렁이가 어떻게 나만 보면 죽자하고 덤벼드는지 참으로 알 수 없는 일이다.

"크렁이랑 친해지면 하나도 안 무서운데. 쥐포 몇 마리만 사줘 봐, 얼마나 좋아한다고."

같은 반 나경이는 말했지만 나는 대꾸도 없이 입만 삐죽거렸었다. 나만 보면 크르렁 대는 무식한 잡종 개에게 쥐포라니. 먹고 있는 것도 솔직히 빼앗고 싶은 게 지금의 내 마음이다.

어쨌든 등교 시간이 바빠서 더 이상 현관문 뒤에 움츠리고 있을 수만은 없다. 크렁이도 겁 좀 먹으라고 눈을 크게 부릅뜨고 드르륵, 용감하게 현관문을 열고 화장실을 향해 냅다 뛰었다.

"크르렁."

당연하지만 내가 뜀과 동시에 크렁이는 나에게 덤벼들었다. 그런데 절대로 일어날 수 없는 일이 일어났다. 목줄이 매여 있어서 저 혼자 크르렁 대야 할 크렁이가 어쩐 일인지 화장실 문 앞에까지 달려온 것이다. 일은 순식간에 일어났다. 내 등에 올라타며 앞발을 두 어깨 위에 걸쳐왔다. 전혀 예상도 안 했던 일이다. 나는 소스라치게 놀라며 본능에 따라 몸을 세차게 떨었다. 다행히 크렁이의 발이 내게서 떨어졌다. 뒤를 돌아볼 생각도 못 가지고 그대로 대문 밖으로 도망치듯 뛰어갔다. 할머니는 집을 나설 때에는 대문을 닫아놓고 크렁이의 목줄을 꼭 풀어놓는다. 아마도 내가 방에 있는 걸 깜빡 잊으시고 집 지키라며 크렁이를 풀어놓았지 싶다. 동네 어귀를 벗어나서야 안심을 하며 할딱거리는 숨을 골랐다. 대문 밖까지 따라 나왔던 크렁이는 요행히 안 보인다. 놀라 코끝에 송송 맺힌 땀방울을 닦고 나니 그제야 화장실 가려했던 생각이 돌아왔다. 사방을 휘둘러보았다. 아무도 없다. 거름무더기 옆의 광나무 곁으로 가서 슬그머니 나무에 기대어 섰다.

"준철아, 거기서 뭐 해?"

샛길 위에서 나경이가 환히 웃으며 뛰어오고 있다.

"휴. 다행이야."

한숨이 절로 나왔다. 나경이는 나뭇가지 사이로만 내 얼굴을 보았기 때문이다.

"나경아, 어서 와,"

반가운 척은 하지만 그래도 행동이 부자연스런 내게서 무슨 눈치를 채었는지 나경이는 자꾸 나의 아래 위를 훑어본다.

"우리 엄마 아침에 전화 왔었어."

나는 어색한 분위기를 돌리려 엄마 이야길 하였다. 아빠의 사업실패로 아빠와 나는 가족을 떠나 먼 친척뻘인 할머니네 윗방에 세 들어 살고 있지만, 엄마 없으므로 기죽기 싫은 마음이 도져 나경이 앞에만 서면 어쩌면 쓸데없는 엄마이야길 곧잘 하였다.

"너, 제비꽃 그리기 좋아하지?"

나경이는 내 엄마이야기엔 관심이 없었다. 엉뚱한 제비꽃 이야기를 들고 나왔다.

"저기 커다란 너도밤나무 보이지? 그 옆 산모롱이를 돌아가면 크렁이네 할아버지 산소가 있어. 거기 가면 제비꽃들이 아주 많아."

수업이 끝난 하학 길의 문방구 앞에 옹기종기 아이들이 모여 있다. 언제나 스쳐 가기만 했던 문방구이지만 오늘은 들어갈 일이 생겼다.

학교 파하면 나경이와 도화지를 사서 그림을 그리러 가려던 참이었다. 하지만 나경이는 합창단 연습이 있다며 같이 나오지 않았다.

"이거 얼마에요?"

도화지를 사고 돌아서려다 진열대위의 쥐포에 눈에 갔다. 평소엔 눈여겨보지 않던 쥐포이지만 오늘은 달랐다. 등굣길 나경이에게 들은 크렁이 이야기가 생각나서였다.

"응, 천원에 작은 건 세 마리고 큰 것은 두 마리야."

천원에 두 마리짜리 쥐포를 샀다. 그리고 집과는 반대 방향인 한 번도 가보지 않은 밭이랑으로부터 길이 시작된 뒷산을 향해 발길을 옮겼다. 한참을 걸어 너도밤나무가 자리한 산 중턱에 이르러서야 나경이가 말하던 제비꽃밭을 만났다. 상큼한 보라색으로 단장한 제비꽃들이 오롯하게 많이도 피어 있는 구릉지 한쪽 곁에 그림처럼 아름다운 크렁이네 할아버지 산소가 보였다.

"울 엄마 좋아하는 꽃인데 여기서 그리면 되겠다."

화판을 내려놓으며 손을 저어 제비꽃에 바람을 보냈다. 그리고는 엄마의 향기처럼 보드랍고 훈훈한 꽃향기를 가슴 깊이 들이마셨다.

"가만, 그런데 이 소리는 어디서 나는 거지?"

흠흠 거리며 지그시 눈을 감던 내 귓가에 새소리가 들려왔다. 호기심에 고개를 돌렸다.

"할미새 새끼 아냐?"

노랑 양지꽃이 무리로 피어있는 한 가운데 할미새 새끼 한 마리가 파드득 대고 있다.

"앗, 까치살무사다."

무심결에 일어서다가 나는 기겁을 하며 두어 걸음을 뒤로 물렸다. 뱀이다. 할미새 새끼 앞에서 혀를 날름거리는 등 쪽에 검은 회색의 둥근 무늬가 있고 머리가 삼각형으로 매섭게 생긴 저 뱀은, 강한 독을 가진 제 어미도 잡아먹는다는 까치살무사가 틀림이 없다. 갑자기 몸이 사시나무처럼 떨려왔다. 그러나 두려움에 떨면서도 이상하게도 할미새 새끼에게서 눈길은 떨어지지 않았다. 작은 날개를 파드득 대는 할미새 새끼가 너무도 가여워서다. 그 사이에 까치살무사는 똬리를 틀어 할미새 새끼를 가두어 버렸다.

"안 돼, 이 나쁜 뱀아."

어디서 이런 용기가 솟아 나왔는지 나도 모를 일이다. 근처의 돌을 주워 혀를 날름거리는 까치살무사를 향해 힘껏 던졌다.

"퍽."

뱀의 똬리는 대야만 하여서 돌은 몸뚱이 한 부분을 그대로 맞히었다. 뱀은 얼른 똬리를 풀며 머리를 곧추세우고 무서운 눈으로 나를 흘겨보았다. 그 틈에 할미새 새끼는 도망을 쳤다. 이제는 내가 도망갈 차례였다. 그러나 내 발은 매서운 뱀의 눈초리에 꽁꽁 얼어붙어 꼼짝을 안 했다. 다리가 후들거려왔다. 가슴속은 삽시간에 오싹한 기운으로 가득 찼다. 그때야 나는 뱀에게 돌을 던진 걸 후회했다.

"흑."

모든 일은 순식간에 일어났다. 눈 깜짝 할 사이에 뱀은 내게 달려들었다. 한 발짝도 도망치지 못하고 몸만 돌린 채 무릎을 감싸 안으며 풀밭에 꼬꾸라졌다. 장딴지에서 뜨거운 피가 분수처럼 솟구치며 튀어 올랐다. 그러며 쐬한 아픔이 사타구니 쪽으로 무리지어 몰려왔다. 뱀의 사라짐도 순간이었다. 양지꽃무리 속에 묻히는 뱀의 꼬리를 보며 어떻게 손을 써보려 용을 써 보았지만 내 몸은 어느 것 하나 뜻대로 움직이지 않았다. 찌르르, 핏줄을 따라 오르던 아픔이 이제는 등골을 타고 머리 쪽으로 올라왔다. 심한 어지러움이 느껴져서 몇 번이고 눈을 감았다가 다시 떴다. 그때마다 하늘은 아래로 자꾸만 내려오며 밤처럼 까맣게 변해만 갔다.

"크르렁."

어디쯤 일까? 가물거리며 사라지는 내 생각 속으로 희미한 크렁이의 울음이 파고들었다.

"새끼를 가진 누렁개가 할머니 집에 한 마리 있었어. 누렁개는 낯선 사람을 보아도 짖지 않고 너무 순해서 할머니는 순순이라 이름을 지었지. 할아버지 돌아가시고 할머니에게 순순이는 외로움을 달래주는 친구이었어. 할머니는 어디를 가건 이 순순이를 꼭 데리고 다녔지. 어느 날 이 순순이가 갑자기 없어졌어. 할머니는 동네 사람들까지 동원하여 찾아 나섰지만 날이 어둡도록 찾지를 못했어. 그 이튿날도 또 그 이튿날도. 그러다 순순이 찾기를 포기할 즈음 우연히 할아버지 산소에 오른 할머니는 그만 깜짝 놀라 기절할 뻔하였어. 산소 뒤 구릉지에서 순순이는 올무에 다리가 걸린 채로 죽어 있었던 거야, 그런데 그 올무는 할머니가 놓은 것이었거든? 할아버지 산소를 자꾸 파헤치는 산돼지를 잡으려고 올무를 놓고는 그만 깜빡하고 잊고 있었던 거야. 할머니가 마을 간 사이 할머니 찾아 나선 순순이가 산소에 왔다가 그만 올무에 걸리고 만 것이지. 짖지를 못하니 사람들이 근처까지 와서도 알 턱이 없었던 거야. 올무에 걸린 채로 순순이는 새끼를 낳았나봐. 그것도 다섯 마리나, 순순이가 발견되었을 때엔 순순이도 또 새끼 네 마리도 모두 죽고 한 마리만 숨을 쉬고 있었어. 할머니는 숨이 멎을 듯 가르랑거리는 새끼를 끌어안고 동물병원으로 해 달려갔지. 간신히 목숨을 건진 강아지가 바로 크렁이야. 유전 탓인지 크렁이도 짖지를 못했고. 주둥이 근처의 뼈가 볼가진 건 태어나며 젖을 먹지 못해서래. 할머니는 순순이에게 지은 죄를 갚으려고 크렁이를 자식처럼 키우며 지내는 거야. 누구든 순순이와 크렁이의 전설적인 이야기를 듣는다면 짖지 않는 개라고 함부로 때리고 하진 않을 거야. 세상을 얼마나 착하게 산 순순이였다고. 크렁이도 마찬가지야."

크렁이는 정말로 친구가 그리웠을까? 그래서 나만 보면 크르렁 대며 덤볐을까? 나경이는 어떻게 크렁이 이야기를 자기 일처럼 소상히도 알고 있을까? 별별 생각들이 그잖아도 깨질 듯 아픈 내 머릿속에 스멀스멀, 등굣길에 들려준 나경이의 크렁이 이야기와 함께 되살아나며 눈이 떠졌다.

"아, 여기가 어디야? 내가 왜 이러고 있지?"

사방이 어둠에 덮여 풀잎끼리 부딪히며 사각대는 소리가 무서움으로 다가왔다. 일어서려 다리를 끌어당기자 장딴지 쪽에서 생살이 찢어지는 것 같은 아픔이 몰려왔다.

"그렇지, 내가 뱀에 물렸지?"

그제야 할미새를 구하려다 뱀에게 물리고 정신을 잃었음이 생각났다.

"크르렁."

그때였다. 어디선가 크렁이의 울음이 들려왔다. 바람에 스치는 나뭇잎소리처럼 아주 작게 들려오는 앓는 소리였다. 처음엔 내 기억 속에서 들려나오는 줄로 알았었다.

"앗, 크렁이다 진짜 크렁이야."

그래도 설마 하며 눈을 내리뜨다가 다리 곁에 붙어있는 크렁이를 보고 너무 놀라 또다시 기절할 뻔하였다. 습관처럼 도망가려고 몸을 끌어 당겼다. 그러나 온몸이 조각조각 떨어지며 달아나는 아픔만 일 뿐 아무런 움직임도 행할 수가 없었다.

"크르렁."

눈이 마주친 크렁이는 언제나처럼 입을 쩍 하고 벌렸다. 연홍색 핏빛으로 물든 크렁이의 혓바닥이 별빛 속에 흉측스레 나타났다. 크렁이는 독사에게 물린 내 장딴지를 이제껏 혀로 핥고 있었나 보았다.

"크렁아, 준철아."

산 아래 어디쯤에선가 사람들의 외침이 들려왔다, 할머니와 나경이의 목소리도 섞여 있었다. 그러나 몸도 또 혀까지도 굳어 있어서 나는 대답을 할 수가 없었다. 그저 크렁이처럼 끙끙대며 앓는 소리만 할 뿐이었다.

"크르렁."

그때였다. 크렁이가 벌린 입을 앙다물며 몸을 일으키더니 후들거리는 뒷다리를 바로세우며 내 앞에 버티고 섰다. 그리고 목을 길게 빼며 목젖에 힘줄을 크게 키웠다.

"컹컹."

몇 번인가 침을 삼키듯 고개를 주억거리던 크렁이가 사람들의 말소리가 들려오는 곳을 향해 늑대처럼 '컹.' 하고 짖었다. 얕은 바람이 불어왔다. 바람을 타고 크렁이가 태어나 처음의 짖음이 사방으로 퍼져갔다. 다시 짖으려고 크렁이는 목을 길게 뺐다. 하지만 크렁이가 짖으려 목젖을 키울 때마다 시뻘건 핏 뭉치가 울컥울컥 하고 목안에서 넘어 나왔다. 그러다 기운이 빠지며 크렁이의 얼굴이 노래졌다. 한참을 더 짖으려 애쓰던 크렁이는 끝내 뜻을 못 이루고 억지로 뻗대던 두 다리의 맥이 풀어지며 옆으로 스르륵 나무처럼 쓰러져 버렸다. 그리곤 주둥이를 힘없이 풀 속에 떨어트렸다.

"컹컹."

그러나 크렁이의 짖음은 살아 있었다. 나무와 풀들과 한들거리는 제비꽃 사이를 비켜 멀리 또 멀리 산울림 되어 퍼져 나갔다.

"크렁아."

나는 주머니 속의 쥐포를 떠올리며 찡그린 얼굴을 펴고 웃음을 지으며 크렁이를 불렀다. 어쩌면 크렁이를 대하는 내 처음의 밝은 표정이지 싶었다.

"크렁아, 너 주려고 샀어. 우리 친구 하자."

밋밋한 신음에 가까운 소리였지만 저를 부름을 아는지 눈을 감은 크렁이의 몸이 잠시 움찔거렸다. 그러다 다시 조용해졌다.

“저기다. 저기, 제비꽃밭에서 크렁이가 짖고 있어.”

사람들의 웅성거림이 언덕 아래에서 들려왔다. 손전등의 불빛이 멀리서 번쩍거리며 쓰러진 크렁이의 몸 위에 하얗게 부서지며 내려앉았다.

휘파람새

"후우."

섭이는 다시 소리를 쳤습니다. 그러나 좀 전까지 들리던 메아리도 대답을 안 해왔습니다.

"꿩 꿩."

섭이의 키만큼 자란 다복솔밭에서 둥주리를 품고 있던 꿩만 놀라 날아올랐습니다. 낮은 아직 한창이지만 섭이에겐 소름이 끼치도록 무서움이 몰려왔습니다. 방앗간 집 아저씨도 동구 아저씨도 어디에 있는지 알 수가 없었습니다. 섭이는 칡꽃이 만발한 구릉지에 털썩 소리가 나도록 엉덩이를 내려놓았습니다.

"섭이야. 네 말에도 일리가 있어. 이제 너도 3학년이니 혼자서 산을 탈만도 하지? 아저씨들은 저기 계곡을 타고 갈 테니 넌 산등선을 따라가라."

늘 아저씨들 뒤를 따랐으나 이번엔 혼자서 산을 타겠다는 섭이의 고집을 동구 아저씨는 말리지 않았습니다. 혼자 산을 오른다는 사실에 진짜 산 사나이가 된 기분이 들어 섭이의 마음은 매우 들떠왔습니다. 섭이는 싱글거리며 동구 아저씨에게 신호를 보냈습니다.

"후우."

동구 아저씨도 웃으며 어깨너머로 신호를 답해왔습니다.

"휘리릭."

우쭐거리며 산등선을 넘어올 때까지도 동구 아저씨는 섭이의 신호에 답을 해왔었습니다.

"언제 신호가 끊긴 거야?"

섭이는 손에 들고 있던 고사리를 걸망에 넣었습니다. 그러며 고사리 밭을 만나며 기쁨에 들떠 신호 보내는 걸 잊었음을 생각해 내었습니다. 한참이 지났으니 발 빠른 동구 아저씨는 산을 몇 개나 훑고 지나갔는지도 모를 일입니다. 신호가 끊기는 지역으론 들어가지 말라는 동구 아저씨의 주의를 잠시 잊었음을 후회했습니다.

"후우."

한 번 더 동구 아저씨를 찾는 신호를 보내며 일어섰습니다. 이대로 있어선 집에 가는 길도 찾지 못할 것이기 때문입니다. 그러나 무서움은 조금도 풀리지 않았습니다. 평소에는 반갑기만 하던 나무들 뒤에서 시커먼 곰이 금방이라도 뛰쳐나올 것 같았고, 잔바람에 흔들리는 풀잎 속에선 커다란 뱀이 똬리를 틀고 자신을 노려보는 듯도 하였습니다. 섭이는 다리를 후들거리며 뒤를 돌아볼 용기도 잃고 산 정상을 향하여 계속 올라만 갔습니다.

"저기 산봉우리에 우뚝 선 너도밤나무가 보이지? 저기서 우리 만나자."

동구 아저씨가 일러준 너도밤나무를 섭이는 떠올렸습니다. 산 정상에만 올라서면 그 너도밤나무를 찾을 수 있을 것 같았습니다. 그러나 어렵게 오른 산 정상에서 본 봉우리들은 셈도 할 수 없이 무수히 많았습니다. 봉우리마다 나무들이 빼곡히 들어차 있고 홀로 우뚝 선 너도밤나무는 어디에도 보이지 않았습니다.

"후우."

섭이는 정상에서 다시금 동구 아저씨를 불러보았습니다. 그러나 들려오는 건 이름 모를 새소리와 바람에 흔들거리는 나뭇가지 소리뿐, 동구 아저씨의 신호 소리는 어디에도 묻혀오지 않았습니다.

"동구 아저씨."

섭이는 무서움을 털어버리려 큰소리로 동구 아저씨를 불렀습니다.

그러다 말소리를 크게 내면 산짐승들이 놀라 달려들 수 있다는 이야기 떠올리고 무서워 몸을 부르르 떨며 다시 산에서 내려왔습니다. 뒤쪽 산등선은 구부러져서 정상이 보이지 않았습니다. 어쩌면 그 정상에 너도밤나무가 있을지 모른다는 생각에 산허리를 타고 뒤쪽으로 돌아갔습니다. 당귀 작약이 지천으로 깔린 구릉지가 섭이의 눈에 들어왔습니다. 시큼한 약초향이 코끝을 간질였습니다. 그러나 섭이는 코만 벌렁거릴 뿐 무시하며 거기를 지났습니다. 예전 같으면 신이나 펄펄 뛸 일이었습니다. 아저씨들이 그렇게 찾아 헤매던 약초밭이기 때문입니다. 길 없는 산을 더듬으며 섭이는 오르고 또 올라갔습니다. 얼굴을 타고 내린 땀들이 짭짤한 소금 기운으로 입안으로 흘러들었습니다. 그러나 가쁜 숨을 몰아쉬기 더 바빠서 뱉어낼 생각조차도 안하였습니다. 울창한 전나무 숲을 지나자 작은 둔덕이 나왔습니다. 섭이는 둔덕 위에서 다시금 동구 아저씨를 불러보았습니다.

"후우."

두 손으로 입을 모아 가늘고 길게 소리가 멀리 퍼져 가도록 했습니다.

"휘리릭."

처음엔 산 메아리로 알았습니다. 다시 신호를 보내자 분명 동구 아저씨의 신호가 맞는 휘파람이 들려왔습니다. 약초를 캐는 산촌 사람들은 저마다 다른 소리를 가지고 있습니다. 만날 곳을 미리 정해놓고 뿔뿔이 흩어져 산을 타며 서로 간에 소리를 질러 자신이 있는 곳을 알려 줍니다. 말은 바람을 타고 흩어지고 또, 산짐승들을 놀라게 하여 해코지 당할 수도 있어서 산사람들은 짐승의 소리와도 같은 신호음으로 서로 연락을 하는 것입니다. 신호 소리만 들으면 그 사람이 누구인지 산촌 사람들은 다 알 수 있습니다. 동구 아저씨의 신호는 휘파람입니다. 길게 꼬리를 이으며 제일 멀리 퍼지는 멋지며 또 특이한 휘파람 소리입니다.

"후우."

섭이는 다시 동구 아저씨를 불렀습니다.

"휘리릭."

"동구 아저씨야. 아저씨가 이제야 내 신호를 받은 거야."

섭이의 얼굴엔 온화하고 환한 빛이 불그레하게 돌아왔습니다. 가슴을 짓누르며 숨쉬기를 방해하던 그 무엇도 대번에 없어져 버렸습니다. 섭이는 신호가 들려오는 방향을 찾았습니다. 별로 멀지 않은 산봉우리 위의 졸참나무 숲에서 신호 소리는 들려오고 있었습니다.

"동구아저씨. 섭이가 가요."

섭이는 걸망의 끈을 바싹 쪼이며 산봉우리를 향해 길을 나섰습니다.

"후우."

넝쿨에 얼굴이 온통 할퀴어지고 비탈에 미끄러지어 옷이 찢겨나가도 섭이는 신호를 게을리 하지 않았습니다.

"휘리링."

그때마다 동구 아저씨는 빠지지 않고 같이 답을 해왔습니다.

"이제 다 왔어. 저기 다래 넝쿨만 지나가면 돼."

초피나무 가시에 걸린 옷을 잡아 찢으며 섭이는 또다시 동구 아저씨에게 신호를 보냈습니다.

"후우."

할딱거리는 숨을 몰아쉬며 내 지른 신호 소리에 동구 아저씨의 답은 손닿을 만한 짧은 거리에서 들려왔습니다.

"휘리릭."

섭이의 가슴은 벅차올랐습니다. 이제 손에 잡힌 다래넝쿨만 제치면 졸참나무는 보일 것입니다. 아마도 동구 아저씨는 졸참나무를 너도밤나무로 잘못 보았지 싶었습니다. 그러나 그런 것들은 이제 아무런 문제가 되지 않았습니다.

"아저씨, 동구 아저씨."

드디어 섭이는 산 정상에 올라섰습니다. 비 오듯 흘러내리는 땀을 손등으로 훔치며 안간힘을 다하여 동구 아저씨를 불렀습니다.

"뭐야. 아무도 없는데?"

그러나, 기를 쓰고 올라온 졸참나무 밑에는 동구 아저씨도 방앗간 아저씨도 아무도, 아무도 보이지 않았습니다. 뒤따라온 바람만 마른 풀 찌꺼길 몰고 와서 졸참나무에 내려놓고 휑하니 산 아래로 내려갔습니다. 섭이의 눈앞에 아찔한 기운이 번갯불이 번득이듯 스쳐 지나갔습니다. 다리도 풀리고 마음도 풀린 섭이의 몸은 지체할 수 없도록 마구 떨려왔습니다.

"그럴 리가 없는데, 동구 아저씨는 분명히 답을 해왔는데. 후우."

이제는 힘이 빠진 신호를 그래도 섭이는 해 보았습니다.

"휘리릭."

답은 엉뚱하게도 졸참나무 위에서 들려왔습니다. 섭이는 손으로 해를 가리며 졸참나무 가지를 바라보았습니다. 햇빛이 내리 쏘이는 무성한 가지 사이 나무이파리가 흔들리며 동구 아저씨의 신호는 거기서 들려왔습니다.

"아. 휘파람새였어."

졸참나무 가지에는 새 한 마리가 앉아 있었습니다. 꽁지를 들썩이며 섭이의 신호에 답을 하는 새는 휘파람새였습니다. 섭이는 더는 서 있을 힘이 없어졌습니다. 풍선에서 바람이 빠지듯 모든 것이 온몸에서 다 빠져나갔습니다. 눈도 가물거리고 숨도 거칠어 왔습니다. 섭이는 나무가 쓰러지듯 그 자리에 풀썩, 쓰러져 버렸습니다. 그리곤 혹시나 해서 동구 아저씨를 찾는 신호를 마지막으로 다시 보냈습니다.

"후우."

졸참나무 위 휘파람새의 꽁지가 들썩였습니다. 그러며 동구 아저씨의 신호와 똑같은 휘파람소리가 들려왔습니다.

"휘리릭."

"저기야 저기 졸참나무가 보이지? 저기서 들려오네. 어서 가자고."

해가 뉘엿거리는 산등선 너머에서 동구 아저씨와 방앗간 아저씨는 나타났습니다. 부러진 나뭇가지와 가시넝쿨 등 섭이가 딛고 간 흔적을 따라가며 동구 아저씨는 연방 섭이에게 신호를 보냈습니다.

"휘리릭."

졸참나무가 서 있는 산봉우리에서는 계속해서 답이 들려왔습니다.

"휘리릭."

"그런데 왜 섭이가 자네 소리를 하나?"

방앗간 집 아저씨는 아까부터 이상타며 고개를 갸웃거렸습니다.

"아마 길을 잃었을 겁니다. 다급해서 자기 신호를 까먹은 게지요.

어쩌면 다쳤을지도 몰라요. 하지만 아무렴 어때요, 저렇게 신호를 보내오니 그래도 기특하지요."

앞서서 넝쿨을 헤치는 동구 아저씨는 힘이 펄펄 살아났습니다.

"휘리릭."

마지막 다래넝쿨을 헤치며 동구 아저씨는 신호를 보냈습니다.

"휘리릭."

이제는 동구 아저씨의 손에 잡힐 듯 가까운 거리에서 신호가 들려왔습니다.

"섭이야. 아저씨 왔어. 이젠 괜찮아."

동구 아저씨는 손등으로 이마의 땀을 훔치며 졸참나무가 서있는 산 정상에 올라섰습니다.

"휘리릭."

그 순간에도 동구 아저씨를 부르는 휘파람 소리는 쉬지 않고 들려왔습니다.

단편소설

http://cafe.daum.net/hankuk2003

▶▶▶ 단편소설

‖ 서혜원 ‖ 우리는 가족이었다

우리는 가족이었다

기억 속에 아빠는 말썽꾸러기 아이 같았다. 하루 한 날 편안할 새 없이 사건을 터뜨렸고 엄마는 그 뒷수습으로 동분서주했다. 일부러 일을 터뜨리기야 했건만은, 어쨌든 아빠는 시쳇말로 재수가 없는 분이었다. 직장생활도 원만하지 못했고, 때려치우고 시작한 사업도 말아먹었다. 직장 그만 둔 것은 어찌할 수 없는 것이라 하고, 사업 망해 먹은 것도 그 또한 어찌할 수 없는 일이라 치지만, 정직하지 못한 게 엄마를 늘 화나게 했다. 뭐, 그것도 이해 못할 건 아니었다. 그런 사고를 치는 동안 경제적으로 엄청 쪼들렸을 터이고, 그러다 보니 가까운 형제 친구들을 찾아가 구걸하다시피 해서 돈을 빌려 썼을 것이었다. 그리고 엄마한테는 차마 말 못하고 숨긴 것들이 하나 둘 터져 나오기 시작 한 것이다. 집안은 여일 없이 시끄러웠고, 도저히 감당할 수 없는 지경에 이르러서 아빠는 집을 나갔고 그때부터 엄마는 닥치는 대로, 일을 가리지 않고 했다. 가끔 이모가 찾아와 엄마와 이야기를 하였는데, 헤어질 때에 표정은 늘 좋아 보이지 않았다.

"네가 왜 간섭야. 아무려면 자식 하나 못 키울까봐서?"

· 1951년생
· 수필문학 등단
· 한국수필가협회 회원, 문학사랑 문인협회 회원, 군포문인협회 회원, 한국문인협회 회원
· 문학사랑 제10회 인터넷문학상 수상
· 대한사이버문학회 회장
· cryingbird50@hanmail.net

"잠시라고 했잖아. 형부가 일을 다시 시작할 때까지…"

그리고 이모는 시급한 일들을 해결하라 하며 엄마 손에 돈을 쥐어 주곤 하였다.

"그래? 생각해 볼게"

엄마는 동생이 가도 내다보지 않은 채 혼자 숨죽여 울고 있었다.

"아, 이건 정말 아니야."

엄마는 간간히 울음 섞인 목소리로 중얼거렸다.

식당 써빙 때 남자를 만났던 것 같았다. 아빠가 집에 돌아온 날, 아빠는 아무 것도 묻지 않은 채, 엄마가 원하는 이혼에 합의했다. 아빠다웠다. 아빠는 그 어떤 것에도 집착하지 않았다. 그래서 그 모든 것들을 쉽게 포기할 수 있었던 것 같았다. 물론 아빠는 모든 게 뜻대로 되지 않아서라고 말할지 모르지만 주위 사람들은 아빠를 사람이 너무 좋아서 주위에 폐를 끼치는 사람이라고 말했다.

난 엄마를 도덕적인 잣대로 판단할 줄 몰랐다. 가슴이 그저 답답할 뿐이었다.

"변명 같지만 내가 이런 식으로 하지 않으면 아빠 곁을 영원히 못 떠난다. 넌 이모한테 가 있거라. 이모가 너를 잘 키워줄 거야. 미안하다. 난 너를 키울 자신이 없어."

드라마를 보면 많은 엄마들이 자식을 두고 떠날 때, 빈말이라도 곧 너를 데리러 올 거야. 라고 하던데 엄마는 아주 버리기로 작심한 사람 같았다. 그렇지만 난 그 말을 건성 들어 넘겼다. 이모는 엄마 동생이니까. 우리는 영원히 보지 않고 살 사람들이 아니라는 것이었다. 금방 데리러 올 사람 같지 않은데 슬픈표정 없이, 그렇게 간단하게 이모한테 나를 보냈다. 마치 잠시 맡아두었던 물건을 넘기듯이, 아니 내가 이모의 딸이라도 되는 양, 당연하다는 듯이 이모한테 나를 맡기고 아무런 약속도 하지 않은 채, 엄마는 떠났다.

나는 그때 초등학교 5학년이었다. 독신녀인 이모는 대학 서무과에서 일을 하고 있었다. 앞으로 나를 자기 호적에 올려 친딸처럼 맡아 교육까지 시키겠다고 하였다. 엄마한테 딸을 보러 오되 데려갈 생각은 하지 말고 잘 살라고, 동생이 언니처럼 충고를 했다. 아빠 혼자 몸이야 어찌 살 수 있지 않겠느냐고, 두고 떠나는 마음 편안하려 더 이상 생각하고 싶지 않았지만, 아빠 형제들 중 아빠를 받아줄 형제가 있을지 의문이었다. 그래도 자기 핏줄이니까 어느 누군가 받아주지 않겠느냐고 생각하며 애써 잊었다. 엄마를 붙들고 애원하며 따라갈 수도 없었고, 아빠는 나를 데리고 있을 주제가 못 되었고, 나는 아빠를 부양할 능력이 없었다. 또한 내가 누군가를 벌어 먹여야 한다는 생각은 감히 할 줄 몰랐다. 엄마가 정해준 대로, 뭔가 떳떳하지 못한 상황에 처해 있다는 건 알았지만 그래도 생판 모르는 사람이 아닌 이모가 내 후원자가 되어 준다는 것에 마음이 한결 놓였다.

2

엄마의 재혼은 행복하지 못했던 모양이다. 마음고생만 하다가 헤어졌다고 이모가 전해줬다. 우리와 함께 살자고 해도 엄마는 거절했다고 한다. 이모는 진심으로 언니와 살기를 원하지 않았다. 나 때문이었다. 안 되는 줄 알고 있었겠지만 당시에 이모는 나에 대한 독점력이 강렬했던 때였다. 당신의 진정한 자식으로 자라주기를 소망하고 있었다. 그 진심을 아는 엄마는 홀로서기를 내세워 우리와 합치기를 거부했다. 도피가 아닌 진정으로 홀로서기에 도전해보겠다고 했다. 아마도 엄마의 홀로서기란 경제일 것이었다.

난 대학을 졸업하고 결혼을 할 때까지 엄마 아빠를 만나지 않았다. 내가 엄마나 아빠를 보고 싶어 하는 건 이모의 마음을 불편하게 하는 거라고 생각했다. 이모의 마음을 불편하게까지 하면서 엄마 아빠를 만나고 싶지 않았다. 어린 기억 속에 새겨져 뽑혀나가지 않는 부부란, 암담한 현재고 미래였다.

어쨌거나 엄마 아빠는 결심만 하면 언제든지 만날 수 있는 거리에 있다고 믿고 살았다. 왜냐 하면 우리는 가족이었다. 그만큼 이모는 내게 잘했고 내게 잘하는 사람에게 약해져 엄마 아빠를 잊을 수 있을 만큼 난 철이 없었다.

어쨌든 이모는 내가 엄마 아빠를 그리워 할 새 없이 교육 일정표를 짜놓고 매섭게 독촉했다. 내가 배우고 싶어 하는 예체능은 시간이 허락하는 한 모두 학원에 등록해 주었다. 난 이모의 프로그램에 의해 철저하게 규칙적으로 교육되어졌다. 학원을 가는 것도 있었고, 교사가 방문해 받는 수업도 있었다. 한마디로 난 부잣집 아이처럼 자랐다. 그리고 이모가 굳이 겁을 주지 않아도 자신의 일을 갖지 않으면 엄마 아빠처럼 살아가게 될지도 모른다는 두려움에서 벗어나기 위해서 난 열심히 노력했다.

"이와 같은 기회는 네 부모가 네게 해주지 못하는 상황이다. 그러므로 너는 어른들 걱정은 하지 말고, 네 미래만 생각해"

이모는 수시로 강조했다. 이모의 바람은 적중했고 난 유학을 갔다 온 후 국제통역사가 되었다. 그러니까 난 결손가정의 자손으로 말썽을 피울 법한 사춘기를, 이모의 지극한 정성과 세심한 배려 덕분에 정신없이 넘길 수 있었다.

3

사람만 똑똑하면 되지, 라는 생각은 사위를 보는 집에서나 통하지 며느리를 선택하는 남자 집의 결혼 조건에는 들지 않았다. 이만 하면 평생 서로 존중하며 살아볼만 하지 싶어 사귀다 보면 남자의 부모는 내 조건을 못마땅해 했다. 이모가 엄마라고 해도 아빠 없는 여자였고,

이모의 살림이 남한테 그다지 꿇릴 것 없다 해도 재벌에는 못 미쳤다. 이모가 지나치게 애지중지 하는 바람에 나도 모르게 자신을 너무 높은 곳에 올려놓았던 것 같았다. 그러다 보니 나이 삼십을 훌쩍 넘게 되었고, 이모는 자기처럼 독신으로 살게 될까 봐 노심초사했다. 부모의 반대에 맞서지 못하는 나약한 재벌 2세들에게 질린 나는 남자 보는 눈을 한껏 낮췄다. 차라리 내가 아우를 수 있는 남자를 만나기로 하였다. 아무래도 난 내 능력을 과신하고 있는 것 같았다.

국가 정상들이 갖는 회담에서 통역을 마치고 돌아오는 길에 평소 안면이 있는 청와대 출입 기자를 만났다. 그 곁에는 웃는 모습이 예쁜 앳된 남자도 있었는데, 산업디자인과를 졸업하고 취업준비 중인 사촌동생이라고 소개했다. 첫눈에 반한 우리들을 눈치 빠른 기자가 낌새를 채고, 그 밤 내내 이리저리 데리고 다니며 시간을 끌어 주었다. 우리는 그 긴 밤 시간 덕분에 몇 년을 만나온 사람처럼 가까워졌다.

노발대발 뛸 줄 알았던 이모는 내 의견을 존중했다. 너만 좋으면 되는 거지, 남자 벌이로만 사는 세상 아니니까. 직업이 뭐 그리 중요하겠니? 이모도 그 남자가 전혀 거슬리지는 않았던 모양이다. 남편의 집에서는 자신의 아들보다 나은 조건의 여자를 데려왔다고 생각했는지 그 길로 신방까지 차려주며 결혼을 서둘렀다. 평범한 시골 농부는 이름 없는 대학을 나와 아직 뚜렷한 직장도 없는 아들에게 국제통역사란 그럴 듯한 직함을 갖고 있는 며느리 감을 데려오자 홀딱 반해버린 것이다. 결혼은 일사천리로 진행되었다.

4

결혼을 계기로 엄마 아빠 소식을 구체적으로 알게 되었다. 이모가 아빠를 찾아갔고 거기서 사돈인 고모를 만났다고 하였다. 엄마는 작은 분식점을 하고 있었고, 아빠는 오른쪽에 마비가 와 거동이 불편하다고 하였다. 갈 곳이 없는 아빠는 고모 집에서 얹혀살고 있었는데, 부양할 가족이 없다는 이유를 설명하고 요양원에 입원 시켜보았지만 요양원 직원들과 동료들에게까지 짓궂게 굴어 퇴출당하기를 여러 차례 해, 인근 시설에서는 들어갈 곳이 없다고 하였다. 그래도 시설에 가 있는 게 여러 사람을 살리는 길이라고 고모는 여기저기 알아보고 있는 중이라고 하였다. 고모의 말에 의하면 아빠는 착해 보이지만 사실 매우 까다로운 사람이라고 했다. 공동생활을 싫어했다.

결혼식장 신부대기실에서 만난 고모는 내 궁금증을 거의 풀어주었다. 그런 상황을 설명하고 들어야 하는 내 입장에서는 왠지 불편했다. 지금 일어나고 있는 상황을 내가 책임져야 할 것들이라고 생각되기 때문이었다. 불편해하는 내 표정을 보고 고모는 "결혼식 날 이런 말 해서 미안하다. 오늘 보면 널 또 언제 볼까 싶지 않아서. 두서없었네. 정말 미안하다. 그런데 걱정 말아. 설마 너한테 가겠니? 벼룩도 낯짝이 있지, 안 그래?" 고모는 내 우려를 꿰뚫어보는 사람처럼 앞서 위로를 하고 있었지만, 듣기에는 갈 수도 있다는 것처럼 들렸다. 그녀의 정감이 가득 찬 목소리가 그렇게 말하고 있는 것 같았다.

이렇듯 우리 가정은 오래전에 붕괴되어 있었다. 사실과 현실로 받아들일 수밖에 없는데, 그 모든 책임은 아빠에게 있을 거란 생각은 지금도 변함이 없었다. 그래서인지 아빠 이야기를 할 때면 화가 났다. 엄마를 이해하지만 엄마 역시 좋아할 수는 없었다. 사람은 자신에게 희생해 주는 사람을 좋아하고, 그리워하며 산다. 어차피 사람은 자신을 위해 사는 이기적인 동물이다. 내가 행복하게 살기 위해 노력도 하는 것이고, 그래서 내가 행복하면 가족은 물론 그 주위 사람들 모두가 행복하게 된다는 것이다, 아무도 "너"를 위해서 사는 건 아니다. 네가 내 삶의 이유가 되어주는 것, 바로 사랑이라고 말하는 것도 결국 자신이 살아남기 위한 것이다. 사람은 그런 이기적인 동물이다. 엄마도 자신만의 생존을 위해 노력했다. 자식인 나를 위해서는 희생하지 않았다. 이모는 낳지도 않은 내가 성장하는 모습을 바라보며 행복해했다. 그 행복을 위해 치룬 대가가 여간 크지 않다. 좋은 것, 하고 싶은 것 다 하면서 즐겁게 살기 위해서 혼자 사는 거라는데, 이모는 자식 하나 얻기 위해 정말 많은 것을 포기했다. 그러니까 난 이모가 일궈놓은 이모의 작품이었다. 이모는 이제 네 부모에게 뭔가 해주고 싶은 게 있다면, 아니, 앞으로 네 부모에 관한 어떤 결정도 네게 있다, 자유! 라고 하였다. 하지만 나로서는 어떻게 해야 할지 몰랐다. 아빠를 맡겠다는 결정 따위는 엄두가 나지 않았다. 왠지 그 일은 내가 할 일처럼 여겨지지 않았다. 실감나지 않았다.

이모는 결혼 며칠 전 엄마와 만나게 해주었다. 이젠 스스로 찾아 나서면 되는데, 찾으려 들지 않으니까 이모가 직접 나선 것이다. 엄마는 내 결혼식에 참석하고 싶지 않다고 하였다. 자식을 버린 엄마들이 흔히 하는 말, 내가 무슨 낯으로, 염치로? 엄마도 그와 같았다. 뒤늦게 나타나 핏줄을 내세워 엄마라고 울고 짜는 일은 벌어지지 않을 것 같았다. 하지만 초자아적 이성의 소유자들에게는 가슴을 아리게 하는 섭섭함이 있었다.

5

결혼을 하자 남편은 개인 사업을 원했다. 난 사무실을 내줬다. 남편은 휴대폰 하드케이스를 디자인했다. 나는 남편이 하는 일에 무심했다. 출장이 잦은 나는 남편의 일상을 일일이 묻고 들을 겨를이 없기는 하였다. 눈웃음을 살살 흘리며 입가에 예쁜 미소를 지어 내 마음을 흔들던 남편은 과묵해져 갔고, 해외 시장을 돌아본다는 이유를 들어 나보다 더 자주 외국출장을 다녔다. 디자인 아이디어를 얻기 위해서는 여행이 필수라고 하였다. 떠날 때는 달랑 하나밖에 없는 여직원을 데리고 나갔다. 여직원의 안목을 높여주기 위해 필요하다고 하였다. 출장비는 내 통장에서 지출되고 있었지만 괘념치 않았다. 나 자신도 구속을 싫어하는 터라 남편에게도 자유를 주어야 한다고 생각하고 있었다. 이론은 그런데 남편은 스스로 내 구속을 받았으면 좋겠다는 바람이 솔직한 심정이었다. 하지만 그게 어디 내 마음대로 되던 말인가. 어쨌거나 예술은 영혼이 자유로울 때 꽃을 피운다. 남편은 산업디자이너다. 디자인을 하려면 영혼이 자유로워야 창작의 신이 찾아들 것이라 믿고 구속하지 않기로 하였다.

일 때문에 미뤄온 출산을 결심했다. 아기가 없으면 권태기가 일찍 온다는 사람들의 말에 약간 두려움이 생겼다. 남자는 본능적인 동물이라서 그러다가 다른데서 아이를 낳아올 수 있다는 이모의 충고에 마음이 움직였다. 하지만 육아를 감당할 자신이 없었다. 육아를 위해 내 집에 타인을 들이는 것이 싫었다. 그 문제가 있어 임신을 기피해 왔는데 사실 걱정이 많이 되었다. 이럴 때 친정엄마를 졸라보기라도 하련만 친정 엄마도 없고, 시부모는 아기를 돌봐줄 환경이 되지 못했다. 그래도 일단은 낳아보자고 결심을 했다. 궁하면 통한다는 옛말을 떠올렸다. 아무래도 부탁할 만한 사람은 이모밖에 없지만 그래서는 절대 안 되었다. 나 하나 키우는 것만으로도 이모는 많은 것을 희생했다. 이제부터라도 이모의 인생을 살게 해야 했다. 그것이 무엇인지 잘 모르기는 하지만, 그 열쇠는 이모 자신이 찾아야 할 텐데 어쩐지 이모는 그래 보이지가 않아 안타까웠다.

임신 소식을 알리자 남편은 그다지 반기는 기색이 아니었다. 낳는 것은 나였다. 육아도 내 소관일 것이 틀림없었다. 지나가는 말처럼 육아를 걱정하는 내 투덜거림에도 아기를 낳으면 육아를 적극 돕겠다는 빈 약속 따위조차 하지 않았다. 남편은 아가의 탄생을 기뻐하지 않는게 분명했다. 연하의 남자를 선택할 때부터 난 남편의 아기자기한

사랑은 기대하지 않았다. 난 이모와 살며 나 혼자 결정하고 책임지는 방법을 터득했었다. 자신이 저질러 놓은 것들은 끝까지 자신이 마무리를 해야 한다는 것이다. "자기 똥은 자기가 치운다" 라는 철학을 철저하게 준수하고 싶어 했다. 때문에 아기를 갖고 낳는 일은 순전히 나 혼자만의 결정이었다. 낳은 책임을 다 해야 하는 것도 아빠가 아닌 엄마라고 믿고 있었다. 남자의 사랑을, 남자의 도움을 구걸하는 결혼 생활은 하지 않을 것이었다. 사랑도 나만 하면 되었다. 내가 사랑을 주는 한 불행한 사람은 없을 거라고 생각했다. 난 이모에게 받은 깊은 사랑을 많은 사람들에게 나눠줄 것이었다. 특히 내 자식에게는 더 말할 나위가 없었다.

6

임산부라고 일을 못하게 하는 건 아닌데, 뉴스의 표적이 되는 통역은 가급적이면 사양했다. 목소리만 나가는 통역을 맡아했다. 불러온 배 때문에 겪는 불편함은 없었다. 덕분에 뱃속의 아기는 무럭무럭 잘 자라고 있었다. 그 사이 이모는 퇴직을 하고 이민을 간 동료의 초청비자로 미국으로 갔다. 마음에 들면 함께 살자는 제안을 받았다는 것이다. 이모에게 애틋했던 나였지만 결혼을 하고 나니 안도가 되는지 예전처럼 덜 챙겼다. 하긴 챙김을 받아야 할 상대는 내가 아닌 나이 들어가는 이모였다.

"네가 아기 낳을 때쯤이면 돌아올 거야. 우리 귀여운 손주! 할머니 빨리 만들어주려 하지 말고 천천히 야물어가지고 나오너라!"

이모는 불룩해진 배에 손을 얹고 다정한 말투로 속삭였다. 하지만 난 이모가 돌아오기 전 아기를 낳았다. 딸이었다.

7

프리랜서로 일하고 있는 터라 출근의 구속은 없었다. 그냥 나가지 않으면 되었다. 일 년 쯤 지나면 내 자리에 들어 선 통역사에게 아예 그 자리를 내줘야 하는 현상이 일어날지 모른다. 하지만 어쩔 수 없었다. 난 엄마노릇을 하며 난생 처음으로 행복의 참 의미를 알아가고 있는 중이었다. 그토록 어려워도 이 맛에 자식을 낳아 기르며 삶을 인내하는 모양이라고, 그동안에 꽝꽝 얼어 뭉치고, 굳게 굳어있던 고통, 아픔, 고독, 원망, 증오, 그 모든 것들에게서 자유롭게 풀리는 환상 속에 푹 빠졌다. 처음으로 나긋나긋하게 풀려가는 심신의 편안함과 여유에 새로운 인생을 사는 것처럼 행복했다.

하지만 이런 기쁨도 그리 오래 가지는 않았다, 생활은 사람을 그렇게 변하게 하는가 보다, 그러니까 엄마는 나를 두고 갈 수 있었겠지, 그런데 이모는 뭘까. 이모도 나를 키우며 이런 행복을 맛보았을까. 이모에게 전화를 했다. 어서 오라고 하였다. 아기가 할머니를 기다리고 있다고, 무지하게 보고 싶다. 고 벌써 말을 한다고 하며 웃었다.

"딸아~~"

이모는 늘 이렇게 불렀다. 마치 내가 자신의 딸이 아니어서, 진정 자신의 딸이 되어주기를 소망하고 있는 듯한 호칭이었다.

"응, 엄마~~"

"난 여기가 참 좋다. 울 딸 엄마 안 봐도 살 수 있지?"

"엄마가 되니까 엄마가 더 보고 싶은데…"

"그렇구나. 니 사랑을 아가한테 뺏긴 것 같아 섭섭했는데. 고맙네"

"질투하는구나~~에구, 엄마! 사랑해"

"훗훗~~나도 우리 딸 사랑한다. 메일 보냈다. 그럼 건강 잘 돌보고, 아기도, 잘 키워!"

메일에는 힘들게 사는 엄마와 병든 아빠를 돌봐주라고 하였다. 부모를 향한 네 마음의 물꼬를 내가 막고 있다는 것을 안 후에 내린 결단이니 부담 없이, 마음이 시키는 대로 행동하며 살라고 하였다. 이 엄마는 잘 지내고 있으니 아무 걱정 말고, 그렇지만 사후 처리는 네게 맡긴다는 그런 내용이었다. 마치 다시는 돌아오지 않겠다는 듯한 내용 같기도 하고, 그렇게 양쪽을 부모로 섬기라는 내용 같기도 했는데 난 그저 서러웠다. 이모에게서 버림을 받은 것만 같았다. 뭔지 모를 충격이기는 하였지만 이모의 의도는 충분히 이해가 갔다. 그냥 서러웠지만 아기 때문에 오래 슬퍼할 새 없이, 아니 내 능력으로는 이모의 결단을 철회시킬 어떤 방안도 세울 수 없을 것 같아 이모에게 그 의도를 따져 묻지 못했다.

아기를 돌보느라 정신없이 바쁘게 세월을 보냈다. 엄마 아빠도 곧 만날 것처럼 이십여 년을 살아왔듯이 이모도 곧 만나게 될 것이다. 라고 생각했다. 우리는 한 가족이었다.

8

"내가 이래서는 안 되는 줄 아는데, 네 아빠잖니?"

고모는 당신이 진 짐에 눌려 찌들어 있었다.

"요양원에 입원은 했는데, 많이 아프다. 오래 못 사는 건 당연하고, 시간 되면 다녀가라. 자식 없는 노인보다 있는 노인한테는 아무래도 대접이 다르지 않을까 해서…"

난 대답하지 않았다. 이유 같지 않은 이유를 달아 진 짐을 벗어놓고 싶은 것이라고 생각했다.

9

남편은 아빠에 대해서 몰랐다. 난 이모한테 정식 입양이 되었기 때문에 부모가 없다고 해도 무관했다. 어쩌면 나중에 말 하지 않은 그것이 내 이혼사유가 될 수도 있겠다는 생각은 한다. 구차한 가족이야기이지만 이젠 남편에게 털어놔야 할 때가 된 듯하였다. 아기에게 외가댁이 생기는 것이다. 우선 남편의 양해부터 구해야 했다. 그리고 난 엄마 아빠를 만날 것이고, 경우에 따라서는 함께 살아야 한다. 남편은 시큰둥하게 당신 뜻대로 하라고 하였다. 그 어느 결과든 자신은 따를 것이라고, 아주 쉽게 내게 맡겼다. 난 싫으면 싫다고 말해도 된다고 하였다. 여기에 오는 것 싫으면 만나러만 간다고 하였다. 합치는 게 싫으면 그렇게 하지 않겠다고 하였다. 남편은 마음대로 하라고 하였다. 자기는 아무렇지 않으니까 하고 싶은 대로 하라고 하였다. 고마웠다. 난 결코 남편을 불편하게 하는 결단은 하지 않을 참이었다. 그러나 점점 나를 향해 다가오는 불길함은 무엇일까. 내게 경제적인 여유를 잃는다면 어떻게 되는 것일까. 이젠 꿈을 이루기 위해 하는 일이 아닌, 생존의 심각성에 부딪칠 것 같은 예감에 가슴이 답답해졌다. 벌면 된다는 자신감은 예전의 영화였다. 남편으로 인해 내 통장은 바닥이 났다. 돈이 되는 것은 살고 있는 집 하나밖에 없었다.

10

엄마를 찾아갔다. 엄마는 아파트 입구 상가 건물 사이를 막아 놓은 틈새에서 김밥, 떡볶기 등을 팔고 있었다.

"장사 잘 되세요?"

"아기 낳았다며?"

"누구한테 들었어요?"

"이모가, 고모도 결혼 때 너한테 다녀왔다고 하던데?"

"다 통하고 사셨네요. 뭣하러 내 소식을 듣고 살았어요. 마음 산란하게…"

"그래, 일은 어떻게 할 건가? 안 할 건가? 아기만 키우게?"

"그래서 왔어요. 아기 좀 키워주세요. 돈을 벌어야겠다는 생각이 바짝 생기네."

"아빠 때문에?"

"내가 왜?"

"그러게, 남편 벌이가 안 좋으니?"

"그 사람은 원래 안 벌어, 자기 용돈도 못 벌어 써. 아마도 곧 안 산다고 할지도 모르고…"

"흣! 대물림하려나?"

"엄마가 버는 만큼 내가 해 줄께"

"네가 그렇게 많이 버니? 여기 수입이 만만치 않게 많다."

"그래? 그럼 엄마가 벌어서 나 좀 보태주지 그래."

"급하니?"

"응"

"너는 나한테 와서 그렇게 자신 있게 말해도 된다고 생각하니?"

"응? 모녀지간은 그냥 전해지고, 느끼는 거 아닌가"

"넌 나한테서 모성을 느끼니?"

"못 느껴야 해?"

무엇이 모성인지 모르겠다, 그건 정말 모르겠다. 그리워했고, 잊자 결심하니 그리움도 이별의 눈물도 견딜 만 했었다. 이모의 사랑은 엄마의 사랑을 잊게 할 정도로 따뜻했다. 이모는 내가 원하는 것을 모두 충족 시켜주려 애를 썼다. 도대체 나는 어떤 사람인가. 나밖에 모르는 철저한 이기주의자라는 건 확실했다. 잠시 부끄러웠다. 하지만 버린 건 엄마 쪽이었다.

"엄마는 그런 말 할 자격 있나? 이런 말까지는 하고 싶지 않았는데, 정말 하고 싶지 않았는데, 엄마가 하게 하네."

"…미안하다. 난 너한테 미안해. 아기 보는 사람을 쓰면 되지. 나쁜 사람만 있는 거 아니잖니? 내게 속죄의 기회를 주려고 찾아온 것 같은데, 바로 그것 땜에 난 너와 영원히 함께 못 지낸다."

"죄송해요. 솔직히 저도 그런 부분을 계산하지 않았던 것 아냐. 엄마는 거절하지 않을 거라는 계산. 미안해요. 엄마를 힘들게 했네. 알았어요."

"이모는 뭐라고 하니?"

20여 년 만에 만나는 딸이었다. 나를 만나면 사과의 몸짓이라도 먼저 해 줄줄 알았다. 내가 엄마를 보고 싶어 하지 않았다고, 미안하다고 말 할 수 있게 말문을 터줄 줄 알았었다. 불현듯 머릿속을 헤집는, 이상한 기운을 느꼈다. 어쩌면 난 엄마의 자식이 아닌지도 모르겠다는 것이었다. 사뭇 찜찜한 이 느낌은 무엇일까. 엄마의 냉랭함은 내 관대함을 무참히 짓밟았다. 여태까지 엄마를 찾지 않은 것, 죽을 듯이 그리워하지 않은 것에 대한 가책과 미안함을 재회로 풀려고 했던 생각은 예상을 빗나갔다.

"이모는 상관하지 않겠대요."

"자식 일인데 왜 또 그래? 널 달라고 할 때는 언제고?"

"……?"

"아빠가 잘못되었을 때 그랬지. 널 달라고 자기가 맡아 키우겠다고…"

"왜 나를 달라고 해요?"

"원캉 널 이뻐 했거든"

11

언젠가는 만날 것이라고 믿고 있었던 엄마를 만났다. 어쩌면 다시는 못 만날 수도 있다고, 아니 만나기 싫다고 했던 엄마와의 만남은 해야 할 일을 한 후에처럼 다소 홀가분했다. 전혀 예측하지 못했던 의

혹을 품게 되기는 하였지만 그건 크게 신경 쓸 일이 아니었다. 친 엄마든 아니든 난 성장했고 한 아이의 엄마가 되었다. 친부모를 만나는 일은 내가 풀어야 할 숙제가 되어 있었다.

다음은 아빠를 어떻게 결정해야 하는가 생각을 하다가 일단은 만나보기로 하였다. 고모에게 전화를 해 요양원을 방문하겠다고 하였다. 고모는 반가움에 울먹이기까지 하였다. 바로 이런 변화가 자연스럽게 일어나는 것이 핏줄이었다. 그런데 엄마는 차분했다. 어린 딸을 이모한테 맡기고 이모를 통해 소식을 접해왔기 때문에 곁에 있는 딸처럼 낯설지가 않았던 것일까.

아빠는 충청도 청양 칠갑산 아래에 있는 요양원에 입원해 있었다. 요즘 도시 중심에도 요양원이 흔하던데 왜 이렇게 깊은 산골짜기에 와 있는 것일까. 고모의 말에 의하면 받아주는 곳이 없어서라고 하였다. 어쨌거나 요양원은 산 좋고 물 좋은 곳에 자리 잡고 있었다. 건물은 깨끗해 보였다. 요양원 직원의 안내를 받아 2층 객실로 들어섰다. 객실에는 침대 두개가 놓여있었는데, 난 아빠를 찾지 못해 당황했다. 누굴까? 그들도 나를 무심히 올려다보았다. 요양원 직원이 창가에 있는 침대로 다가가 말했다.

"따님이 오셨어요."

내 눈은 요양원 직원을 따라갔다. 그리고 이쪽을 바라보고 있는 아빠와 눈이 마주쳤다.

"누구?"

아빠의 말은 어눌했지만 알아듣기 어렵지는 않았다. 못 알아보게 야위고 늙은 것은 세월 탓이겠지, 우리는 동시에 아! 라는 신음소리를 흘렸다. 울컥 가슴을 치받는 반가움의 열기가 뜨겁게 핏줄을 타고 흘렀다. 내 안의 피들이 홱, 홱, 소리를 지르며 급히 내달리는 것을 느꼈다. 뜨거운 열기가 등줄기에서 얼굴로 기어오르며 송글송글 땀방울

마저 맺혔다. 엄마에게는 왜 이런 느낌이 안 드는 것일까. 그래서 미안했다. 진심으로 미안했다.

12

"아빠!"

부르지 못했던 이름을 부를 때처럼 목이 메었다. 난 아빠의 야윈 손을 꼭 잡았다. 아빠는 등을 일으키려 애를 썼다.

"그냥 있어요. 괜찮아요."

"미안하다. 아가야."

"아빠한테 손주도 있어요. 나 아가 아냐!"

"미안하다."

"알고도 찾지 않는 지독한 가족야 우리는…"

"미안하다"

아빠의 얼굴에 눈물이 흘러내렸다. 그때 이모가 문을 열고 들어왔다.

"어? 엄마! 어떻게 여길? 엄마 미국에 가 있었던 거 아냐?"

이모는 흠칫 놀라는 표정을 감추려 당황하는 기색이 역력했다.

"어떻게 알고 왔니? 한국에 잠깐 다니러 왔지."

며칠 전 냉혹했던 이모의 메일이 떠올랐다. 난 잠시 어리둥절했다. 무슨 일이 일어나고 있는 거지?

"네 엄마잖니?"

"아빠! 아빠는 그런 말씀하면 안돼요."

나도 모르게 진짜 엄마의 얼굴이 떠오르며 아빠만큼은 그래서는 안 된다고 울컥 치미는, 성난 목소리로 아빠의 말을 막았다.

아빠는 둘의 얼굴을 쳐다보았다.

"엄마가 여기를 왜 오세요?"

"네가 나와 있잖니? 형부한테 소식 전해주려고…"

13

밖으로 나왔다. 이모는 여기 남아 볼일이 좀 있다고 말했다. 내가 이모에 관해 모르는 게 있었던가 보다.

"아빠를 집으로 모셔가려고 해. 엄마, 괜찮지?"

"그럴래? 할 수 있겠어? 그냥 요양원에 있게 해, 넌 간병 못한다. 그게 얼마나 힘든 일인데…"

"근데 엄마는 그동안 아빠와 연락해 왔어?"

"네 아빠잖니?"

"……?"

네 아빠잖니? 그게 이모가 무슨 상관일까. 아빠는 네 엄마잖니? 라고 했다. 이 분들의 말투는 왜 그리 똑 같을까. 하긴 무슨 상관야.

14

"미안해. 언니!"

"혹 너 치매 왔니? 미쳤어? 왜 애를 힘들게 해, 우리 셋 가슴에 묻으면 되지. 네 소원대로 내 딸 네 딸로 만들어줬잖아. 그렇게 소원했던 대로… 아빠 못 보고 산다고 잘못 될 게 있나. 여태까지 잘 살고 있던 애를… 괴롭히고 있잖아."

"언니 부부가 힘들었을 때 덕을 본 사람은 "나"라는 거 알아. 그 애 땜에 외롭지 않았고, 행복했어. 돌려줄 때라고 생각했어. 그 애는 믿고 있었어. 가족이란 만나지는 것이라고, 곧 엄마 아빠한테 돌아갈 것이라고…"

"걔 힘든가 보더라. 결혼생활도 좋아 보이지 않아."

"알아! 지가 풀어야 할 몫이라고 생각해. 잘 풀어갈 거야."

"끝까지 엄마노릇 해라. 다른 계획 없으면… 손주도 돌봐주고…"

"일 하는 사람 두면 돼!"

"네 신랑은 얼마나 살 것 같은데?"

"언니!"

"원래부터 내 신랑은 아니었지,"

"걔가 알지 않았으면 좋겠어. 남자 놓고 신경전 벌여온 이 일을, 언니와 나의 부끄러운 가족사잖아"

"나도 동생 남자를 뺏은 치사한 사람이라고 밝혀지는 것 보다는 나쁜 엄마로 있고 싶어."

"그러니까. 앞으로 언니가 엄마 해"

"우리 둘 다 웃긴다. 애를 가지고 뭐 하자는 거냐? 딸을 줬으면 끝까지 엄마 해. 지레 짐작으로 더 이상 애 아프게 하지 말고, 그리고 네가 오매불망 그리워하며 산 네 남자를 돌봐 줘. 애한테까지 가지 않게, 혹 그거 싫은 거니? 귀찮은 거야?"

"응, 싫어 애 하나 치다꺼리하고 나니까. 지쳐! 사랑하는 남자의 아이, 언니가 키울 수 없었던 아이, 대리만족이라도 좋다 하고 키웠어. 하고 싶은 일 해 봤으면 됐어. 이젠 됐어. 그래서 원상복귀 시켜놓고 싶어. 언니가 다 해. 애도 돌봐주고, 마음 내키면 그이도 돌봐줘. 오래 못 버틸 것 같아."

"왕래 하고 싶지 않아. 지 아빠한테 가는 건 자유지만 나한테는 못 오게 해, 그렇게 해. 부탁한다."

"그러지 마! 나 미국으로 떠나면 다시는 안 올 거야."

"나한테 떠넘기려 하지 마! 끝까지 죽을 때까지 네가 엄마 해. 이젠 우리는 우리가 원하는 예전으로 돌아갈 순 없어."

"돌아가야 해!"

"고집 피우지 마."

"언니도 원치 않을걸. 언니! 언니가 그 애를 돌봐줘. 힘들어 해."

"…걔한테 자식 노릇하겠다고 나서지 말라고 말려라."

"것두 걔 팔자고 운명이지 뭐! 놔둬요. 결정은 그 애가 할 거야."

"그러지 마라. 결혼생활까지 아작 내지 말고…"

"그러니까. 지금부터 돌봐 줘. 그 아이 엄마 보고 싶다는 말 한마디 안 하고 살아왔어. 얼마나 보고 싶었겠어. 언니 힘들었을 때 내 욕심으로 나꿔챘다고, 내 못된 치기를 원망하지 말고 그 애를 부탁해."

"이상하다. 너 그 아이 데려가고 싶어서 얼마나 애를 탔니. 왜 그래? 너 죽을 병 걸렸니?"

"그랬었지. 사랑하는 남자의 자식이 잘 되기를 바랬어. 돈으로 지원하면 밑 빠진 독에 물 붓기인 것 같아 선택한 방법이었는데, 아이한테도 언니한테도 못할 짓 한 것 같아. 마음이 많이 아파. 하지만 아이는 잘 자랐잖아. 언니도 인정하지? 그 얘 언니한테 있었으면 어찌 되었을지 몰라. 그러니까 너그럽게 나를 용서해주고 받아 줘. 그럼 나 간다."

15

나는 엄마와 불편했던 대화를 떠올리며 분식점을 다시 찾았다. 이모와 엄마는 얼굴이 벌개진 채 마주 쳐다보고 있었다. 마치 눈싸움이라도 하고 있는 모양새다.

"두 엄마! 왜 그래? 싸웠어?"

"우리 둘 다 너 딸 안 하겠다고 다투는 중이었어."

"…응? 뭐! 그래도 좋아. 난 울 딸만 있으면 되니까. 두 분 사퇴하세요. 수리할게요."

"……?"

"참 딱하십니다. 천륜이 마음대로 되고 안 되고 하나요. 이상하다. 두 엄마… 선택의 자유는 접니다."

"그래! 언니 가져!"

"싫다, 너 가져라."

농담처럼 하는 그 말들이 가슴 벽을 싸하고 훑었다. 아프다? 싫다? 그런 감정의 변화를 느낄 새 없이 눈물부터 흘러내렸다. 이십 여 년 넘게 참아 온 한 맺힌 눈물일 것이었다.

엄마와 이모는 약속이라도 한 듯 웃음을 터뜨렸다. 내 설움은 제동이 걸리지 않는 흐느낌으로 이어졌다. 울음소리와 웃음소리는 독특한 울림으로 퍼지다가 이모와 엄마의 웃음소리가 먼저 약속이라도 한 듯 멈췄다. 난 우리 가족에게 일어나고 있는 이 이상한 기운을 감지할 수 없어 답답했다. 다만 그들의 가슴 밭을 헤집는 아픔들이 그들 모두의 가슴 속에서 빨리 정화되기를 바랐다. 두 여인의 관자놀이께 흰 머리카락이 바람에 살랑살랑 팔랑이고 있었다.

http://cafe.daum.net/hankuk2003

대한사이버문학의 발자취

대한사이버문학 창간호

대한사이버문학 2호

대한사이버문학 3호

대한사이버문학 4호

대한사이버문학 5호

대한사이버문학 6호

대한사이버문학 7호

대한사이버문학 8호

대한사이버문학 9호

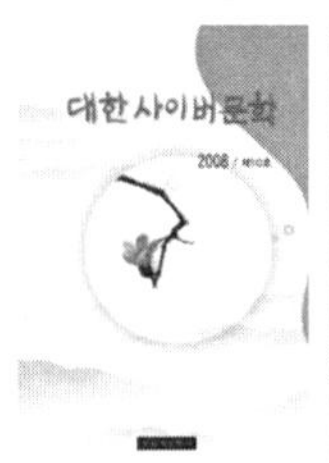

대한사이버문학 10호

대한사이버문학 11호

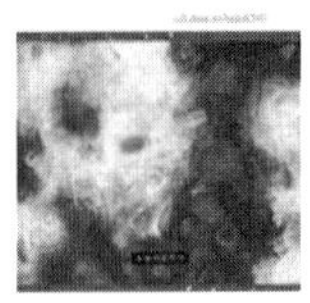

대한사이버문학 12호

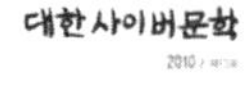

대한사이버문학 13호

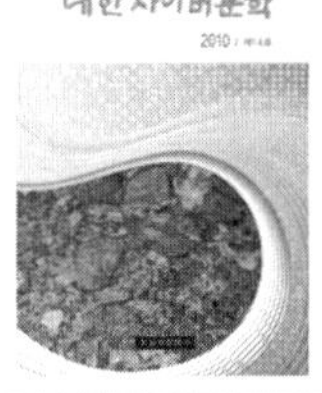

대한사이버문학 14호

대한사이버문학 15호

대한사이버문학 16호

9호 모임후기 ; 천 홍 자

발랑리의 추억

발랑발랑 거리는 가슴 안고 도착한 발랑리 이동숙님 댁!
자연도, 사람도, 바람도, 강아지도 평화로운 밤,
글을 사랑하는 사람들의 만남이 꽃보다 더 아름다운 밤,
머리 위에 달도 부러운 듯 내려다보고 유난히 반짝이는 별 하나 문학소녀 솔이의 가슴처럼 반짝반짝 빛나는 밤, 개구리도 개굴개굴 대사문 9호 출판을 축하를 해주고 이제 막 문학소녀의 꿈을 펼쳐보고 싶은 솔이는 가슴이 발랑발랑 뛰었다.

열띤 문학토론에 귀한 말씀 하나라도 놓칠세라 중요한 메세지는 메모를 하고 정이식 선생님의 하모니카 소리에 맞춰 모닥불 사이로 노래도 부르고…

서혜원 선생님
꾸밈없는 모습 온유한 미소로
태평양 같은 넓은 가슴으로
보면 볼수록 믿음이 가는 사람
알면 알수록 정이 가는 사람
참 아름다운 당신, 당신을 존경합니다.

정이식 선생님
아직도 꿈을 꾸는 문학소년 같은 모습
글처럼 정직하고 순수하고
글처럼 사실 것 같은 분,
선생님 글 읽고 나면 마음이 행복해지고 착해집니다.

서락원 선생님

영원히 사그라질 것 같지 않은 불멸의 사나이
춤이면 춤, 노래면 노래, 탁구면 탁구, 배움에 대한 열의…
다방면에 열정이 가득하신 분입니다.

류인복 선생님

대사문을 영원히 지켜줄 것 같은 든든한 지킴이
삶의 희로애락을 진솔하게 표현한 글을 읽으면서
미래의 솔이의 삶도 조용히 생각해 본답니다.

김옥자 선생님

장미꽃을 닮았어요.
아름다운 모습 속에 예리한 가시가 있어서 잘못하면 찔릴 것 같은…
사랑은 죽을 때까지 해야 하는 것,
사람의 마음속에 사랑이 없으면 인간미가 없다.
그 말씀 마음에 남았습니다.
사랑하고 살겠습니다.

이동숙 선생님

사랑과 베풂을 실천하고 사는 모습,
아름다운 곳에서 아름다운 마음으로 살아가는 사랑스러운 여인
지금도 그 모습 그 마음 내 가슴에 남아 발랑거립니다.
동숙님 덕분에 아름다운 추억 하나 가슴에 담고 왔습니다.
고마워요, 사랑해요.
솔이와는 갑장 친구랍니다.

신각현 선생님
겉모습은 투박하고 무뚝뚝하지만
글은 통통 튀게 유머와 해학을 겸비해서 쓰는 분
둥이님 덕분에 솔이가 많이 웃는답니다.
둥이님 웃게 해 줘서 고마워요.
깜둥이와 솔이는 이제 대사문에서 공식적으로
인정받은 귀염둥이랍니다.
마음이 슬플 때나 울적할 때는 대사문으로 오세요
둥이와 솔이가 재롱떨고 기쁘게 해 드릴게요. ㅎㅎㅎ

권오은 선생님
하루 전날 오셨으면 문학토론 열기가 뜨거워서
모닥불도 필요 없었을 텐데 아쉬움이 남네요.
자상하시고 해박하시고 다방면에 재주가 많으신 분,
전천후 사나이…
선생님 덕분에 비 오는 날 연천 드라이브, 산채비빔밥 ,
너무 즐거웠고 맛있게 먹었습니다.

이순복 선생님
솔이를 대사문에 입문시켜준 고마운 분입니다.
솔이의 넘치는 마음도 잡아주실 것 같고,
부족한 마음도 채워주실 것 같은 분
항상 잊지 않고 기억하고 있겠습니다.

이윤호 선생님
주객이 전도될 만큼 맛있는 문학강의

솔이가 처음으로 듣는 문학강의였습니다.
많이 배웠고 느꼈습니다.
위대한 소설은 위대한 사기다.
솔이는 죽었다 깨어나도 위대한 사기꾼은 못 될 것 같습니다.
작가로서 독자를 잘 안다는 건 단점이 노출되기 때문에
손해라는 말씀에 공감이 갔습니다.
고맙습니다.

홍만표 선생님

정갈하신 모습 문학소년 같은 분위기였어요
말씀은 많이 안 하셨지만
문학토론을 하면 누구보다도 열정적으로 하실 것 같은 분이셨습니다.
기다렸던 시간만큼 기대도 컸고 설렘도 많았던 시간이었는데
막상 만나고 헤어지면 아쉬움이 남습니다.

비록 짧은 시간이었지만 선생님들과 함께한 시간을 소중하게 생각하고 간직하겠습니다. 서툴고 부족한 모습으로 시작한 글과의 인연이 오래도록 이어지리라 믿습니다. 발랑리의 아름다운 추억을 위해 고생하신 이동숙 선생님께 다시 한 번 감사드립니다.

2008. 5. 11.

* 참고로 이윤호 선생님은 대사문 회원이 아니십니다. 홍만표님이 모시고 온 특별손님이었습니다. 소설가로서 그날 길고 긴 문학강의를 해주셨습니다. 우리 님들 모두 이윤호 님께 폭 빠져 버린 날이기도 하였지요.

11호 모임후기 ; 운해 류 인 복

열정

가슴속에 뜨거운 피가 흘러
달렸다 달려왔다
내 그대를 사랑하는 건
하늘의 운명

가슴이 뜨거워
단숨에 달려왔다
그리고 잡았다
넌 내꺼야 !!

아시 한 눈 팔 생각하지 마
미치도록 그리우면
내 품에 쓰러져
꼭 안아줄게

아무리 바보라도 세상이 다 알아
넌 내 사랑
내 눈에 흙이 들어가기 전까진
조건 없이 바보같이 사랑할 거야

대사문 너!

땀

목표를 향해 달리다
성공했을 때 그 기쁨 때문에
혼신의 정열을 바친다
자신의 한계와 버금가는 목표치를 달성했을 때
희열감에 몸부림 친다

까만 밤을 하얗게 새우는 연구원이 그렇고
주어진 책무가 능력의 한계에 달한
직무를 성취했을 때
마라톤 선수가 완주했을 때
두 오르가슴이 무엇이 다르랴

사랑 행위도 그렇다
능력한계까지 주고받을 때
혼신의 정열을 쏟아
용오름으로 승천하는 기쁨도 맛볼 수 있으리니
어디 흘리는 것이 공짜가 있겠는가

산을 오르다
뒤돌아 내려올 때 무력감
정상을 정복했을 때
등줄기를 타고 흐르는 것이 사우나에서 그것에 비할까
이마에 흐르는 땀을 벽계수로 훔치는 그 시원한 맛

남보다 먼저
목표에 다다르려고
돋보이게 살려고
혼신의 정열을 바쳐 결실이 보일 때
오르가슴으로 창자가 뒤집히는 희열을 맛본다

특히 글 쓰기가 그렇다

* 아시〈경상도 방언〉 - 애시당초
* 내꺼야!!〈아가들 말〉 - 내 것이야

〈시작노트〉

* 대사문 11호 출판기념회에 모인 문우들의 식지 않은 열정으로 대사문은 영원하리라 기원하면서~ 특히 정이식 선생의 땀과 열정으로 이루어진 "오늘의 나"란 열강을 듣고 느낀 바를 몇 자 적었습니다.

14호 모임후기 ; 정 이 식

추억은 가슴 한 언저리에 뿌려놓은 그리움의 불씨이다.

고생이 사람의 성격을 고귀하게 만든다 합니다. 그러나 행복이라면 가끔 고귀해 질수도 있지만 불행한 고생은 대개의 사람을 인색하게 만들고 또 복수심에만 젖어 살게만 합니다. 제가 그리 살아왔기 때문입니다.

이런 사회적 통념을 송두리째 바꾼 사건이 제게 일어났습니다. 문학입니다. 문학을 접하며 한으로 얼룩진 제 가슴은 치유되었고 사회 전반에 대한 복수심 또한 사라졌습니다, 문학은 또 이전의 내 생각의 골격과 틀까지도 깡그리 바꿔 버렸습니다. 그래서 제 문학의 근거지인 대한사이버 문학은 제게 있어선 없으면 안 될 소중한 자산입니다.

대한사이버 문학은 프로를 지향하는 아마추어 티를 벗지 못한 문인들과, 이 문인들의 글을 보기 위한 독자들의 모임입니다. 그러기에 여기에 오르고 또 인쇄되는 글들은 거짓을 사실처럼 완벽히 꾸미기엔 힘이 부치어 자신의 생활을 토대로 생각을 접목한 작품들입니다. 그 글들을 활자화시킨 대사문 동인지는 그래서 더욱 자신의 마음을 비추는 거울로 작용합니다. 글 한자라도 소중히 애쓰고 다듬는 이유가 거기에 있습니다.

14호 출간은 애초부터 짐작은 했으나 그래도 소수이지만 전국을 망라한 회원이 모였습니다. 농암 편기철님. 구수한 입담은 자칫 침울 속으로 빠질 번했던 모임에 커다란 활력소로 작용하였습니다. 열일 마다치 않고 달려와 주신, 열일 있어도 모임엔 꼭 오리란. 미리의 약속에 바라보는 후배는 그저 미안할 따름입니다. 그 열정 꼭 따르겠습니다.

명동의 초입에 초동이 있고 거기에 초동극장이란 삼류 영화관이 있습니다. 예전 이야기지만. 어느 때에 거기서 비 내리는 명동거리란 영화를 보았습니다. 쏟아지는 비를 그대로 맞으며 슬픔에 겨운 노래를 부르던 김희라의 측은한 모습이, 류인복님의 노래 안

에서 떠올랐습니다. 피할 수 없는 운명이라면 맞닥뜨리자고 말들 하지만. 10년에 한 번 찾아올까 할 슬픈 일들을 몇 달 새에 몇 번을 겪으신, 그래도 대사문 지킴이의 열정으로 모임의 시작부터 끝까지 책임 있게 이끌어 주신, '사나이 가슴속에 비가 내린다.' 노랫말처럼 지금 밖에는 비가 내리고 있습니다. 앞으론 좋은 일들만 가득하였으면 합니다.

발랄한 율동과 노래로 잊힌 청춘을 되살려주신 인동초 서락원님. 만년소년 같은 환한 미소 보기 매우 좋았습니다. 다음호엔 젊음의 향기가 솔솔 풍기는 맛있는 글들이 함께 실리기를 기원합니다. 무엇이든 열심인 그 정신을 저는 본받으려 합니다.

바쁜 일정임에도 참석하였고 또 3집의 출간을 기획하고 계시는 신각현님. 이별이 어디 아름답기야 하겠습니까만. 시인의 마음으로 보는 이별은 좀 특이하나 봅니다. 왜소한 느낌도 들지만 진심으로 우리 동문은 아름다운 이별 시집 출간을 축하드립니다. 출판을 미루면 글쓰기도 미루어진다는, 명쾌한 해답, 정말 멋있었습니다.

바라보면 촉촉한 사슴의 고운 눈망울을 가지신 천홍자님. 특유의 재치 있는 화법으로 동인지 14호 출간에 따른 의논을 이끌어 주셨습니다. 문학은 사랑이며 밤을 밝히는 등불이라 합니다. 그대로 진행하자는 견해가 우세하여 지금처럼 반 연간지 형태를 계속 유지하기로 합의하였습니다. 작은 등불이라도 빛을 잃지 않으려는 최소한의 몸부림이라고 저는 생각 합니다. 그러나 증액된 출판비에 맞서지 못하는 집필진의 숫자와, 매번 후원금으로 충당해야만 하는 열악한 재정에 따른 해결을 숙제로 남긴 것은 매우 안타깝습

니다. 노래방 무대를 앳된 젊음의 축제 판으로 만드신 천홍자님. 님은 이제 우리 대사문에 없어서는 안 될 귀중한 꽃입니다.

출판비 지출은 걱정되지만 만족의 틀 위에서 글을 쓴다면 절대로 옳은 글이 나올 수 없다며, 지속적인 출판에 쌍수를 들어 환영해주신 이동숙님. 고행의 연속임에도 대사문이 있어서 잠시지만 일탈의 기쁨을 맛본다는, 이미자의 울어라 열풍을 부를 때엔, 죄송하지만 농암님과 저는 막걸리 대폿잔을 그리워했습니다. 어찌나 노랫소리가 애잔하던지요. 건강한 매일이 이어지기를 기원합니다.

혜원 선생님은 대사문의 기둥이시지요. 계시기에 동인지 출간이 가능한 것입니다. 이 자리서 말씀 안 드려도 미처 못 버린 출판에 따른 걱정들. 좋은 방향으로 설정하여 주시리라 저는 믿습니다. 늘 그렇게 잘 해 오셨기 때문입니다. 전보다 더 탱탱하고 고운 피부가 어찌나 보기 좋던지요. 혜원 선생님 건강은 우리 대사문의 건강과도 직결됩니다. 열심히 하시는 운동만큼 대사문 이끌음에도 열심을 보태주시리라 이 또한 저는 믿습니다.

근처에 초등 동창들 모임이 있어서 일찍 헤어져 서운했습니다. 9명의 동창들이 공격하는 술잔만 받느라 아까운 서울나들이 시간을 다 죽였습니다. 거기서도 저는 남정희의 새벽길을 죽으라고 불렀고, 알 듯도 같은 눈물을 흘려댔습니다. 내 불행한 고생의 근본을 잘 아는 친구들의 모임이라서 떠난 줄 알았던 감정들이 되살아나서 그랬나봅니다.

이제는 건강을 위해서 술도 좀 줄여야 함, 인대도 내일은 또 산악회 요점회원들만 가지는 송년회 자리가 있어서 지금부터 술 마

실 걱정을 하고 있습니다. 이름만큼이나 걸쭉한 4월에 보리밥집의 막걸리 맛. 술 맛의 절정은, 술 그 자체가 아니고 상대가 누구냐에 따른다 하지만. 애주가는 그래도 술을 먼저 찾습니다.

이역만리 먼 미국에서 음으로 양으로 많은 지원을 아끼지 않는 최춘자님. 박은경님. 정말 고맙습니다, 은경님 덕에 마신 막걸리, 그래서 맛이 더욱 좋았지 싶습니다.

모임에 못 오신 회원님들과 이 글을 읽으시는 또 다른 회원님들. 15호 출간 때엔 모두 모두 만나 뵙기를 간절히 바랍니다. 간절히 바라면 이루지 못할 일들은 하나도 없다고, 저는 그렇게 알고 있습니다. 지나고 나면 그리워지는 모든 것들이어서 어느새 14호 모임이 추억의 한 페이지에 담겨 버렸습니다. 15호 출간을 위해 다시 창작의 혼불을 밝히길 기대하며 이제 그만 쓰렵니다.

문학은 사랑이며 밤을 밝히는 등불이고, 추억은 가슴 한 언저리에 뿌려놓은 그리움의 불씨이다.

15호 모임후기 ; 조 민 옥

인간의 세포란 본시 고독한 아메바로 이루어져 있어 좀 더 가까워지면 가까워질수록 서로를 갈망하며 또한 풋풋한 사랑에 목말라 하기도 하며 살아가는 것이 우리네 인생사 아닐까 생각해 본다. 매일매일마다 비, 비, 빗속에 갇혀 가뜩이나 동선이 좁은 나는 습기들과 퀴퀴한 곰팡내에 둘러싸여 감옥 살듯 살았다. 회색구름은 겨

울 이불처럼 두텁게 깔려 비 그칠 줄 모르고 태풍 메아리가 올 거란 소문과 대.사.문. 동인지 소식이 겹쳐 우려 반 설렘 반이라고나 할까. 그래도 시간은 째깍거리며 잘도 흘러갔다.

미음으로 연명하시는 친정어머니 걱정에 모임공지에 꼬리를 잡지 못하고 서성거리는데, 다행히 병세가 좋아져 죽을 드시게 되어 나의 시름도 한풀 꺾어지고, 더욱 놀라운 일은 세찬 비바람 속을 뚫고 그리 먼 곳에서 오신다니 두 다리를 뻗치면 닿을 곳에 사는 나는 꼭 가야만 할 것 같기에 아침에야 서샘께 전화를 드리고, 일이 있어 조금 늦은 시각, 최소한의 소품만 챙겨서 집을 나섰다.

태풍이 비껴 갔다고는 하나 우산을 펼치니 우산살이 둥글게 휘어지며 내 쪽으로 몰려온다. 조신하게 빗질한 머리카락들이 허공으로 둥둥 우산 펼치듯 한다. 손가락으로 연신 빗어내리며 쓸어 붙잡고 그렇게 걸어서 지하철을 탔다.

사당역, 휴~ 얼마나 가까운지…

멀리서 새벽 첫차로 오시는 선생님들께 죄송한 맘으로 들어선 모임 장소에는 먼저 오신 분들의 환한 미소와 꽃 같은 웃음들이 방안 가득 채워지고 반갑게 맞아 주신다. 큰언니 같으신 서샘, 농암샘, 정샘, 이동숙, 솔이, 둥이, 첨밀밀, 뒤이어 도착하신 새야, 이상야. 시낭독의 시간과 식사와 솔이님이 준비한 후식과 농암님의 재담과 식사 시간 내내의 유쾌한 웃음들과 노래방에서의 탬버린을 짤랑거리며 기어이 불러야할 노래들과 어깨춤… 등등.

잠시 머물다 흩어지는 바람처럼 허공에 길 하나 다시 만들며 골목들이 얼크러진 곳, 그곳, 같은 날 같은 장소이나 단 한 가지도 일

치하지 않는 사람들끼리 모여 한 뜻 안에서 전혀 낯설지 않은, 기분 좋은 만남과 속 깊은 배려에 감사해 하며, 살아있는 동안 제출해야할 평생의 과제가 있는 곳으로 나는 또 제 자리 걸음을 걷듯 찾아들었고, 여전히 비는 내리고 세상은 젖은 채 저녁이 되고 또 내일이 오고, 그리고 하루 더 젖어서 살아낼 수록 우리의 바라는 바 희망도 질겨지리라.

16호 모임 후기 ; 서혜원

16호 출판이 늦어졌습니다.

탁구를 치느라 교정 보는 일을 미룬 탓입니다.

출판이 늦어지면 딸애의 일요일 출근시간과 맞물려 외출이 어려워지는데다 이젠 더 이상 미룰 시간이 없었습니다. 2011년 12월이 얼마 남지 않았기 때문입니다.

무조건 만나야 한다는 일념으로 "16호 출판기념회 및 정기모임"을 서두릅니다.

만남의 장소는 故 신각현님 묘소로, 날짜와 시간은 결정이 되었습니다. 우리 님들 모여 앉아 오순도순 이야기를 나눌 장소만 정하면 되었습니다. 이상야님의 도움을 받아 16호 모임장소인 故 신각현님 묘소를 방문하고 그 아래 동네에 있는 한정식 "모임뜰"로 결정했습니다.

대사문의 대문을 열면 웃는 모습으로 반기는 둥이님을 잃은 것

은 대한사이버문학 문우님들께 커다란 충격이었습니다. 그래서 이번 모임은 어느때보다도 진지했습니다. 시간을 내지 못하는 제 입장을 충분히 이해하시는 이상야님께서 여러가지로 많은 도움을 주셨습니다.

2011년 12월 4일 아침일찍 이상야님께서 전날 부탁해놓은 16호 출판 축하 떡 케이크를 찾아 가지고 오셨습니다. 마지막 교정을 위해 대전까지 함께 가주시기도 하고, 어떻게 할까 고민하는 부분들을 금세 알아차리고 공치사나 생색내지 않은 채 조용히 도와주신 덕분에 이 모든 일이 순조롭게 진행되었습니다. 이상야님! 정말 감사합니다.

친구와 약주 밤샘을 하시고 새벽길을 달려오신 모양입니다. 암만 봐도 자기 정신이 아닌 것 같았습니다. 야탑역에 문우님들께서 도착하신다는 것 알면서도 곧바로 "분당메모리얼파크"로 가는 걸 보면 평소의 이상야님의 모습이 아니었습니다. 잠깐이라도 눈을 붙여야 할 것 같았습니다.

진주의 정이식님, 대구의 한선주님께서 야탑역으로 오시고 있는 중이고, 이동숙님께서도 거의 도착하실 예정이었지만 불편해 보이는 모습 보고 잠시 눈좀 붙이라고 차에 놔둔 채, 둥이님 묘소에 올릴 꽃을 준비하러 밖으로 나왔습니다.

케이크 준비할 때 꽃도 준비해오시면 좋겠다고 하니 우리가 다니러 왔을 때 언덕 위에 꽃집이 있지 않았느냐고 거기서 사면 된다고 해 그냥 왔는데, 어머나! 그곳은 탈렌트며 가수였던 고 박용하의 묘소였습니다. 꽃들이 가득해 꽃집인 줄 알았지요. 관리사무소

뒤에 있는, 길이 아닌 곳을 가로질러 매점으로 갔습니다.

그리고 매점 앞에서 박덕균님을 처음 만났습니다. 박덕균님께서도 강원도 속초에서 직원들과의 모임을 끝내고 새벽길을 달려오셨다고 합니다. 상황이 이상야님과 비슷했습니다. 두 분 다 술과 수면 부족으로 힘들어 보였습니다.

왔다 갔다 하는 사이 조민옥님과 천홍자님과 이동숙님, 황의진님께서 오시고 일찍 도착하실 줄 알았던 정이식님과 한선주님께는 조금 늦게 도착하셨습니다. 성남의 유명한 모란시장을 둘러보고 오셨다고 합니다. 먼길 오셔서 모란시장을 돌아보셨다하니 미안함이 아주 쪼금 줄어듭니다. 우리만 보고 가면 너무 허망하지 않은가 해서…ㅎ

그리고 이동수님께서 분당메모리얼 파크를 호텔로 알고 찾아헤매는 중이라고 하네요. 약간의 휴식이 도움이 되었는지 깨송해진 이상야님께서 이동수님을 에스코트 하러 차를 가지고 급히 내려갑니다.

류인복님께서는 오전내 잃어버린 휴대폰을 찾느라 출발하지 못했다고 했는데 의외로 일찍 와 주셨습니다.

참석하신 회원님 명단입니다. 존칭은 생략합니다.

이상야/황의진/류인복/정이식/한선주/박덕균/이동숙/이동수/조민옥/천홍자/서혜원/11명

반가운 님들! 가슴이 뻐근해져 말문이 막히게 하는 사랑스런 대

한사이버문학 문우님들이십니다. 꼭 있었어야 할 분이었는데, 그랬었는데, 하지만 대신 새로운 작가님께서 둥이님의 빈 자리를 채워주시기라도 하듯 참석해 주셨습니다.

황의진님과 박덕균님,그리고 좀처럼 나들이를 하지 않으시는 이동수님의 참석은 새로운 작가님의 참석처럼 반가웠습니다. 왠지 대한사이버문학을 위해 하늘나라에 계신 둥이님께서 한 자리에 불러모아주신 듯 하였습니다.

대사문 행사에는 빠지지 않고 시간을 내주시는 정이식님과 이번이 두번째 참석이신 대구의 한선주님! 정말 감사합니다. 몸도 불편하신데 아닌 것처럼 곱게 단장하고 모임에 거르지 않고 참석해주시는 광탄 발랑리의 이동숙님, 이번에는 황의진님까지 모시고 오시느라 수고 많이 하셨습니다. 황의진님! 어려운 걸음, 감사합니다. 특히 이동숙님께 바라는 진심은 부디 건강을 되찾아 더욱더 아름다운 모습으로 만날 수 있기를 바랍니다. 갑자기 떠나신 둥이님으로 인해 우리님들 건강의 중요성을 깊이 깨닫고 계십니다.

조민옥님과 천홍자님께서는 얼마전 산행도 같이 하며 남다른 우정을 나누고 계신 터라 더욱 미덥고 든든합니다. 모임 때마다 우리 님들을 엄마처럼 자상하게 살펴주시는 천홍자 총무님! 님이 계셔서 얼마나 힘이 되는지 모릅니다. 감사합니다.

많이 추우면 어쩌나 했는데 둥이님 묘소는 "디귿"자 벽이 바람을 막아주어서인지 참을만한 날씨였습니다. 우리들은 故 신각현님 작품이 게재된 16호 동인지의 페이지가 보이도록 비닐에 넣어, 대한사이버문학 문우님 일동이 올리는 꽃 앞에 펼쳐 놓아드렸습니

다. 천홍자님께서 준비해오신 술을 올리며 둥이님께 인사를 드렸습니다.

천홍자님과 함께 신각현님 병문안과 조문을 가장 먼저 다녀 온 류인복님께서 당신의 추모글과 천홍자님의 "잘가시게 문우여"를 슬프게 낭송해 눈시울을 적셨습니다.

"그곳에서 부디 편안하시고, 당신의 아름다운 창작열정이 우리 님들을 통해 살아날 수 있도록, 우리 님들의 문운이 빛날 수 있게 도와주시길 바랍니다."

점심은 그 아래 "모임뜰"로 갔습니다. 음식 맛은 꽝이었지만 독립된 방은 호젓해서 좋았습니다.

돌아가며 자기소개를 하고 시 낭송을 했습니다. 대사문을 알차게 꾸미고 이끌 분들께서 어렵게 한자리에 모였습니다.

중후한 신사의 멋진 기품이 엿보이는 황의진님의 참석은 특별했습니다. 대사문의 막둥이가 되신 박덕균님의 첫 참석은 대사문을 튼튼하게 받쳐줄 분으로 우리 님들의 관심을 갖기에 충분했습니다. 사실 이동수님은 참으로 어려운 분이었는데, 이동수님을 참석하게 하신 것은 타계하신 둥이님입니다. 둥이님! 보이시죠? 우리 님들이 님을 얼마나 사랑했는지요.

먼길 오신 님들보다 먼저 자리를 뜨게 되어 정말 죄송했습니다. 우리 님들의 탁월한 언변에 눌려 언제나 버벅거리게 되는 저, 그래도 변함없는 마음 하나! 님들을 정말, 아주, 많이 사랑하고 있다는 것입니다.

뒷풀이에 총책(?)을 맡아주신 류인복님! 수고 많으셨습니다.

대사문의 맏형으로 사랑받을 자격 충분하십니다. ㅎ

너무 멀어 참석하지 못해 안타까워 하시는 새야(박은경)님과 모은 최춘자님, 성원에 감사드립니다. 언젠가는 함께 할 수 있을 거란 믿음 고이 간직하고 있겠습니다.

더 나은 동인지 출판을 위해, 더 좋은 작품을 준비해 17호에 도전합니다. 17호 모임에서는 더욱더 건강한 모습으로 만나요.

두서없는 늦은 후기 죄송하구요. 다음 호에는 더 많은 분들의 참석으로 북적거리는 대사문 모임이 될 수 있기를 기대합니다. 16호 모임에 참석하신 문우님들께 감사의 인사 올리며 마칩니다. 감사합니다.

2012. 1. 1

= 편집후기 =

징검다리

누가누가 놓았을까 징검다리를
은물결 금물결 찰랑 거려도 가뿐이 건널 수 있는 징검다리를

누가누가 놓아줄까 징검다리를
토라진 내 친구 마음 달래려 가뿐이 다갈 수 있는 징검다리를

올해는 나라의 운명을 움직일 대 선거가 실시되는 해입니다. 내 편 네 편으로만 갈라놓는 얄궂은 선량들 말고 마음과 마음을 이어주는 징검다리 같은 구실들이 많이 나왔으면 합니다. 올해는 또, 첫 동인지 발행 연도로 따지면 햇수론 꼭 10년이 되는 해입니다.

우리 대한사이버문학은 그간에 변화가 참 많았습니다. 그 많던 회원님들이 어느 날 뜬금없이 사라져서 동인지 출간이 위험 수위까지 오른 적도 있었습니다. 그러나 흔들림 없는 초심을 간직한 기둥들에 의해 다시금 회원님들은 모이고 있습니다. 비유가 좀 그렇지만 고진감래란 옛 고사성어가 생각납니다. 가슴 졸이며 애태우던 날들이 부지기수이었거든요? 쓸데없는 한자어를 나열해 죄송합니다.

참으로 오랜만에 우리는 일상을 탈출합니다. 멀리 동해안, 바다가 곁에 있는 작은 별장에서 17호 출판기념회를 가집니다. 18호, 19호, 이어질 대사문의 영광을 기리고 못 오신 회원님들 다음호 출간 때엔 같이 하시길 기원하며 축배를 들까 합니다.

〈동화작가 정이식〉

대한사이버문학 (제17호 · 2012)

인쇄일 | 2012년 2월 27일
발행일 | 2012년 3월 10일
지은이 | 대한사이버문학회
편집주간 | 서혜원
편집위원 | 정이식 류인복 이상야 천홍자

http//cafe.daum.net/hankuk2003

• 구독신청 및 광고 문의
cryingbird50@hanmail.net HP 010-9705-7906
• 정기구독료 및 도서 신청 입금 계좌번호
예금주 : 국민은행(서혜원) 계좌번호 : 056-21-0024-343

편집 · 인쇄 | 오늘의 문학사
대전광역시 동구 삼성1동 125-6 한밭오피스텔 401호
Tel(042)624-2980 Fax(042)628-2983
http://www.lito77.co.kr
E-mail : hs2980@hanmail.net
등록 | 제 56호(1993년 6월 23일)

값 12,000원